中国教育三十人论坛丛书
Books of China Education 30 Forum

人工智能与未来教育

朱永新　袁振国　马国川 | 主编

RENGONG ZHINENG YU WEILAI JIAOYU

山西出版传媒集团　山西教育出版社

图书在版编目（CIP）数据

人工智能与未来教育 / 朱永新，袁振国，马国川主编. — 太原：山西教育出版社，2018.1（2020.11 重印）
（中国教育三十人论坛丛书）
ISBN 978-7-5440-9692-8

Ⅰ. ①人… Ⅱ. ①朱… ②袁… ③马… Ⅲ. ①人工智能-关系-教育-中国-文集 Ⅳ. ①TP18-53②G52-53

中国版本图书馆 CIP 数据核字（2017）第 296978 号

人工智能与未来教育

责任编辑 王介功
复　　审 刘晓露
终　　审 康　健
装帧设计 王耀斌
印装监制 蔡　洁

出版发行 山西出版传媒集团·山西教育出版社
（太原市水西门街馒头巷 7 号 电话：0351-4729801 邮编：030002）
印　　装 山西新华印业有限公司
开　　本 720×1020 1/16
印　　张 12.5
字　　数 140 千字
版　　次 2018 年 1 月第 1 版 2020 年 11 月山西第 3 次印刷
书　　号 ISBN 978-7-5440-9692-8
定　　价 38.00 元

前 言

未来已来，将至已至。

人工智能正以超出人们预想的速度发展，人工智能与人类生活所发生的联系越来越紧密。可以预见，人类未来将因人工智能而发生翻天覆地的变化。作为关乎人类未来的重要组成部分，教育与人工智能的关系成为国际社会关注的热点。

2017年5月13日，中国教育三十人论坛和华东师范大学在上海成功主办“人工智能与未来教育”大型公益论坛。这是国内第一个以“人工智能与未来教育”为主题的大型论坛，受到了社会各界的高度关注。报名参加论坛者非常踊跃，现场听众超过1000人，网络直播观众超过50万人。

这是一次跨界的盛会。参加论坛的嘉宾除了中国教育三十人论坛成员，还有来自教育、科学、企业等各界的杰出人士。海内外的学术名家、行业精英共聚一堂，围绕“展望未来教育”“人工智能如何改变教育”“人工智能与学习革命”“人工智能对教育的机遇与挑战”等议题，跨界研讨人工智能在未来教育中的应用与发展。

这是一次思想的盛宴。论坛采用主旨演讲和对话座谈、观众互动等多种灵活方式，活泼生动、气氛热烈。不管是学养丰赡的教育家，还是走在前沿的科学家，不管是敢于冒险的企业家，还是目光敏锐的投资家，都贡献了独特的思考和认识，而且在热烈的对话中不时碰撞出思想的火花。本次论坛深化了社会各界对人工智能发展、教育未来变革等问题的认识，其意义将得到未来的验证。

这是一次成功的尝试。中国教育三十人论坛作为一家新型的教育智库，一直以“凝聚社会共识，推动教育改革”为己任。我们既关注影响中国教育发展的体制性、制度性问题，也关心影响中国教育发展的前沿科技问题，因为每一次的技术变革都会影响教育。在科技加速度发展的时代，我们将抓住前沿问题，提出富有前瞻性的思想，以推动中国教育的发展和改革。

中国教育三十人论坛自成立以来，与华东师范大学形成了良好的合作关系，双方每年春天在上海联合主办一次专题论坛。“人工智能与未来教育”大型公益论坛是双方合作举办的第三次专题论坛。华东师范大学在各方面提供了无私支持，保障了论坛的圆满成功，在此表示衷心感谢。

华东师范大学校友会、教育学部、学报（教科版）及“知识分子”微信公众号等单位和机构作为本次论坛的承办方，也付出了努力和辛劳，谨致谢意。

作为中国教育三十人论坛的合作单位，山西教育出版社一直在精心编辑“中国教育三十人论坛丛书”。

“人工智能与未来教育”大型公益论坛结束后，该社将论坛内容精心编辑、汇集出版，让更多关注中国教育问题的人分享思想盛宴，关注人工智能给教育带来的前所未有的变化。在此向山西教育出版社表示衷心感谢。

中国教育三十人论坛愿意和所有关心中国教育的朋友们一起携手并进，砥砺前行，为推动中国教育的发展和改革而努力。

中国教育三十人论坛学术委员会

2017年11月18日

目 录

人工智能与学习革命

人工智能对教育的机遇与挑战

附录

致辞(一)

华东师范大学党委书记　童世骏

尊敬的各位专家、学者，各位校友，各位嘉宾：

上午好。

我们今天在华东师大相聚，探讨“人工智能与未来教育”这个热门话题。刚才梅校长说：“以非常快的速度，人工智能来到我们的生活。”我倒是有一种感觉，人工智能已经谈论了很久了，现在终于大规模真正进入了我们的职业、进入到我们的日常生活了，尤其是进入了教育学者、教师的事业。

在这里我代表华东师范大学和华东师大校友会向共同主办方、共同承办方的支持表示感谢，向来自世界各地的专家学者，以及来自世界各地的全球校友联席会议的校友代表及嘉宾表示最诚挚的问候和最热烈的欢迎。在座的各位有热心公益的行业精英，有热爱思考的在校师生，有心系母校发展的校友，也有关注教育事业的华东师大之友等。在座的各位都是所在领域的翘楚和精英，大家相聚在此，对于华东师大而言荣幸之至。华东师范大学秉承光华大学、大夏大学等传承下来的办学理念和宝贵的大学文脉，着力构建符合中国实际、符合华东师范大学追求目标的现代大学制度，朝着拥有若干一流学科，多学科协调发展，引领中国教师教育发展的世界知名高水平研究大学的目标稳步迈进。

当前国家正在统筹“世界一流大学建设”和“世界一流学科建设”的工作，对于华东师范大学来说，这既是新的机遇，也是新的挑战。面对这样的机遇，面对这样的挑战，我们加强了多学科综合性、研究性大学的建设。同时，我们也立足当下，传承我们的传统，发挥我们的优势，全面落实科教兴国的战略，积极推进教师教育改革创新，全面参与基础教育改革。我们着眼未来，关注教育的创新和发展，不断思考在科技日新月异的今天如何将科学技术结合到教育事业当中。与时俱进地为地区、为国家的经济与社会发展投入，这个也是我们今天在这里举办此次论坛的初衷。

作为一所研究型大学，我们学校也拥有优质的科研资源和雄厚的研究实力，学校也一直在关注着人工智能研究和发展。今年3月，我校举办首个校园主题日，我们的学生停课一天，围绕一个主题专门进行各种活动。在校园主题日，计算机科学与软件工程学院、教育学部等联合举办了“走向大众的人工智能分论坛”，吸引师生共同关注人工智能发展。此外，我们的校友当中也不乏在教育界人工智能领域具有丰富实践经验的专家学者和青年才俊，今天演讲的几位嘉宾就是关注此领域的优秀代表。校友们的积极支持，直接促成了本次论坛的成功举办。由衷地向你们表示感谢！

人工智能将会对教育产生什么样的影响呢？会对未来教育产生怎样的影响呢？有人说，可能是颠覆性的挑战和豁然开朗的创新机遇。这些是华东师大的在座校友及嘉宾，大家都共同关注的问题。相信今天的精彩演讲和讨论，也一定能够为我们今后的思考提供进一步有价值的启迪。希望今天的论坛能够搭建人工智能与教育的桥梁，碰撞出创新的火花，让我们共同关注的未来教育事业取得长远的发展。也希望今天的相聚能够搭起情谊的桥梁，期待今后有更多的故事是从今天的论坛开始。

我衷心希望这样的论坛能够继续举办下去，通过学界、企业界以及社会各个层面的共同努力让论坛办得更好。祝愿大家在华东师大度过美好的一天，留下最美的师大记忆。祝福本次论坛取得圆满的成功。

谢谢诸位。

致辞（二）

中国民主促进会中央委员会副主席　朱永新

尊敬的童书记，尊敬的各位专家、各位嘉宾，各位老师、各位同学：

大家上午好。

非常高兴再次来到美丽的丽娃湖畔，参加由华东师大和中国教育三十人论坛联合主办的“人工智能与未来教育高峰论坛”。

大家知道中国教育三十人论坛还是一个非常年轻的智库，当初发起这个机构的时候，我们一个很重要的想法，就是过去教育界很难真正碰撞出思想的火花，很难真正能够对未来有更好的前瞻。我们想为对教育改革具有认真思考的资深学者，各个学科的学者提供一个交流的平台，所以这个平台最大的特点就是“跨界”。论坛成员有教育理论家，也有来自一线的特级教师、校长，同时有经济学家、哲学家、法学家，有来自各个学科的专家。每次论坛我们还会特邀一些企业家、科学家来参与我们的论坛。所以这个论坛，大家可以看到和一般的论坛不太一样。我们今天这一次的论坛，邀请来的嘉宾大家可以看到，教育界的人占的比例并不是很大。有来自企业的创业者，像新浪网的创始人；有宽带网的发明人，有人工智能专家、中科院院士，等等。

中国教育三十人论坛遵循高质量、独立、客观、实事求是的研究精神，就中国教育存在的热点问题、难点问题和重点问题，进行比较深入的思考和研究。一方面，引导理性思考。我们把高深的理论、深刻的思想平实化、大众化，让更多的人了解教育发展的方向和趋势，了解什么是好的教育。同时，我们也向决策部门提供具有前瞻性的政策咨询建议。论坛成立以来，我们先后就“教育改革与‘十三五’发展”“创新时代教育怎么办”“教育治理体系和教育能力现代化”“大力促进教育公平”等主题举行专题研讨，受到了社会广泛关注。我们的咨询建议也先后三次得到了国家领导人的批示。

从2015年开始，我们论坛在华东师大每年举行一次。上半年在华东师大，下半年在北京，这样论坛就形成了一个“南北呼应”的格局。在华东师大的论坛，一直得到华东师大校领导和教育学部，以及像今天的校友会、学报教科版等的大力支持。特别是袁振国先生，他从会议的选题策划到会议的嘉宾邀请、会议的组织安排等，都付出了辛勤的劳动。

本次论坛的题目“人工智能与未来教育”，应该说具有非常重要的意义。大家都知道，自从AlphaGo（阿尔法围棋）取得“人机大战”胜利以后，人工智能和教育已走得越来越近了，进入我们的生活了。在大数据、云计算等之后，人工智能也首次写进了政府工作报告，成为一个很重要的国家战略。但是很坦率地说，在教育上人工智能到底会带来什么样的变革？似乎还看得不太清楚。

昨天我在飞机上看完了《智能时代》，书中讲了人工智能给农业带来的变化、企业带来的变化、制造业带来的变化、医疗带来的变化、律师业带来的变化、记者和编辑带来的变化，就是没讲教育。因为智能革命在很大的程度上，替代的是人类最值得自豪的东西——大脑。人类大脑被替代了，我们人类自己不敢想象。在互联网颠覆了我们的商业、金融、工业的时候，在人工智能深刻改造了我们社会的时候，教育会怎么办？

我想通过这次论坛引发大家深入的思考。因为中国的教育在这样一个关口，已经站在了变革的前沿。或者说，我们已经站在一个结构性改革的门槛之上。中国教育能不能弯道超车，取决于我们能不能看清未来的方向：未来技术的方向、未来教育的方向。所以相信我们的论坛，就是给大家提供了一个瞭望台，帮助大家看清未来。

我们大家一起来努力。谢谢大家！

展望未来教育

朱永新

民进中央副主席

新教育实验发起人

中国教育三十人论坛成员

未来学习中心构想

我去年在温州做了个讲演，对“未来学校”提出了一个设想。最近经过思考做了一个2.0版的，就是对于“未来学习中心”的一个构想。

大家都知道，现代学校制度是大工业时代的产物。从它诞生开始，尤其是进入20世纪开始，对于它的批评就从来没有中断过。现在没有人对我们的教育是满意的。所以教育到底应该怎么办？现代教育能不能真正地去适应一个高度信息化、智能化、个性化的时代？商业被颠覆了，金融被颠覆了，工业也走向智能化了。教育怎么办？学校还要不要存在？早在上世纪60年代，国外就有所谓的“学校消亡论”。前不久我刚刚看了一本书 *The End of College*（《大学的终结》），也在讨论学校消亡的问题。我认为，其实学校正在走向消亡。或者说，传统的学校正在走向消亡。什么来替代它呢？替代它的将是学习中心。

未来学习中心将有十个基本切点式趋势：从学习中心的内在本质来说，它会走向个性化；从学习中心的外在形式来说，它会走向丰富化；从学习中心的时间来说，它会走向弹性化；从学习中心的内容来说，它会走向定制化；从学习中心的方式来说，它会走向混合化；从学习中心的教师来说，它会走向多元化；从学习中心的费用来说，它会走向双轨化；从学习中心的评价来说，它会走向过程化；从学习中心的机构来说，它会走向开放化；从学习中心的目标来说，它会走向幸福化。

第一，从学习中心的内在本质来看，个性化是基本方向。过去整个教育是以教师为中心的，是以“教”为中心的。教师控制着整个教育的流程，控制着整个学习的过程。但是未来绝对不是如此，教师不可能再控制学习过程。谁来控制？学生自我控制。所以由“教”走向“学”，将是未来教育的基本特点。“学习中心”毫无疑问会打破过去传统的统一的教材等等，标准化、个性化、定制化将会成为未来的学习方向。每个人制订自己的课程、学习计划，评价也是针对个人的，不是与其他人进行比较、排名次的教育。其实在国外，我们已经看到这样的曙光，比如：我去年到美国看到AltSchool（一所新式学校）。老师每个月会给父母亲一份每个孩子很详细的《发展报告》，每个孩子制订自己的课程规划，每个孩子的iPad里面的课程内容是不一样的。

那么，国家还有没有标准？国家还是有课程与教育的标准的。但是未来的国家标准，我认为会进一步地趋向人性化和基础性，降低整体的学习难度。每个个体可能会完全不一样，会选择他适合的东西。

第二，从学习的外在形式来说，学习中心不再是一个独立的孤岛。现在每一所学校都是一个封闭的环，或者说是一个相对封闭的王国。未来的学习中心将会是一个环岛，彼此之间是互通的，出现真正意义上的学习共同体。现在我们在全国有3000所新教育实验学校，未来我们会有一个总的学习中心。这个学习中心会选择不同的学习中心进行合作，一个学生可以在不同的学习中心进行学习，这样就共同构成一个学习社区。学生可以在不同的学习中心选择课程，也可以相互选择课程、相互承认学分，教师也可以跨越学习中心进行指导。在AltSchool里面，很多老师都是跨学校教育的，这样一种开放的、互联的情况已经出现。

第三，未来的学习中心时间是弹性化的。学习中心全天候开放，没有暑假和寒假，没有双休日，学生根据自己的需要安排学习时间。这样，学校的设施和校舍将会得到最大程度的利用。现在很多人都在建学校，我说：未来不要再建了，学校已经足够多了。现在学校的利用率大概不到1/2，甚至只有1/3。未来暑假、寒假、周末、夜晚等时间都可以充分地使用，整个教育资源会进一步集约化。

如果北京学习中心的学生想了解海派文化，他可以到上海来申请一个月的课程或者两周的课程。未来的学习是个性化的，每个人除了完成国家的基本课程以外，完全可以设计和定制自己的课程。这样一来，整个的学习中心将会全天候开放，教育资源也会得到更大程度的利用。同时，教育的周期也会弹性化。

这两年，以莫言先生为代表的政协委员呼吁“要缩短学制”。我赞成。应该让学生更早地走向社会，在社会中学习。只有突破学制思考中国未来的学制，才能找准中国学制未来的方向。现在学生七周岁入学，少一天都不行。对不对？每天早上8点上课，晚1分钟就是迟到。这个太没有自由了。在一个教室里1/3的学生是完全懂的，坐在那边很无聊；1/3的学生可能听不懂，坐在那里很难受，效率很低。未来是更加弹性化，每个人可以选择自己“什么时候上学”。5岁为什么不能上学呢？晚一点，8岁、9岁再学一个新的学科为什么不可以呢？把学习的自主权交给学生，让他们自己设计。现在很多孩子没进小学就完全可以自己读书，可以自己学习了。所以在这样的情况下，学生可以根据自己的身心发展特点和父母的工作特点，来安排未来会学习什么。没有留级的概念，学不好可以反复地学。学制将更加灵活多样。

第四，未来的学习中心，就学习的内容来说，会进一步定制化。教育是一个意识形态的领域，同时也是一个国家的基本标准。义务教育的出现就是和大工业时代国家对于整个劳动者素质的基本要求有关的，所以任何国家还是不可避免地会给它的公民确定基本的标准。但是我认为标准太高了，所有人学的相当一部分东西是没有用的，或者说在未来社会上是派不上用场的。到底怎么把最有用的东西给我们的孩子？这是一个很值得研究的问题。要根据学生的天赋、潜能和个性、兴趣来设计个性化的课程，从补短教育走向扬长教育。现在的教育很大程度上是补短的，让每个人都很痛苦、不断地发现自己的不足。扬长教育会让一个人不断地挖掘自己的潜能，让自己变得更有自信。教育应该让人变得更幸福，更幸福的前提应该是更有学习自信。天才学生你不用担心，现在还有很多天才学生本身在现在的制度中得不到满足，任何一个社会总有一些天才学生，所以他们在定制自己课程的时候，会定更深、更高的要求，这个没有问题。而且我觉得现在基因技术、心理学、脑科学已经提供了新的可能性。

前不久，我和壹基因的总裁交流一个他们的研究成果。他说："我已经可以测出一个学生的天赋基因、运动基因、艺术基因。"我当然还有点将信将疑，但是你不得不承认，"基因"可能对教育产生很重要的影响。因为你根据自己的天赋，有意识地扬长避短，可能会走得更远。所以我说："你们应该研究现有的各个领域的优秀人才，测一测他们的基因和吻合度，不可能完全吻合，因为还有后天的教育。"

教育是什么？教育是为生命存在的。我们把人的生命分成自然生命、社会生命和精神生命，这是整个教育的大厦。但是现在我们的教育中，对这个板块似乎是不够重视的。未来的学习课程，会更加关注生命和生活，会更加关注让学生珍爱生命、热爱生活、成就人生。所以，拓展生命的长、宽、高，培养生命的真、善、美，是未来学习中心的一个重要任务。

第五，未来学习中心的混合学习与合作学习将成为主要方式。现在我们已经进入到借助智能设备而生存发展的时代，人机结合的学习方式会发挥更大作用，认知外包的现象会让个人更加注重方法论的学习。未来社会，除了做科学研究，可能对于创造性的一些领域还需要学。很多东西电脑帮你学了，人工智能帮你学了，机器帮你学了。一个月前，我们在北京开一个关于阅读问题的研讨会。有一个北京著名的阅读公司的老总说他正在研究让机器帮人阅读。我说，机器可以帮人读书，人怎么办？也就是说，我们人的很多学习，毫无疑问，像记忆的东西是不需要学了。现在还有多少百度里有的东西，我们课堂里还在教呢？其实没有必要了，因为更重要的是方法论。

未来中小学会有什么样的变化呢？我相信这样的未来：我们会重新界定我们的学习内容。所以混合式的学习、合作式的学习将会成为学习的重要方式，人和机器一起来学习，会帮助人变得更强大。机器不可能取代人的思考，但是机器人可以帮助我们思考得更好。所以这是未来混合式的学习。当然，还有一个很重要的特点，就是未来的学习方式。过去我们是知识的消费者，但是未来每个学习者同时是知识的创造者。也就是说，他在学习的过程中，更多的是通过学习来创造。研究型的学习，将成为未来学习的主要方式。

其实我们已经看到这样的端倪。学习的方式，利用网络将会成为一个非常重要的特征。我一直认为国家应该建立一个最高水平的“国家网络教育资源平台”，采购全世界最优秀的资源，免费为所有的学习者提供多重标准的教育资源，同时提供考试和评价的基本公共服务。未来学习中心将会研发自己独立的、具有个性的课程资源，并和国家的课程资源结合起来，通过网络来指导学生。我曾和北京的一些教育互联网公司交流，他们已经成功收集了大量的案例。一门课程不通过学校学习，完全通过网络学习，已经做到了。

斯坦福网络高中就是学校的学生不到学校去，所有的学习全部在网上完成，每周只上两次课。我问：学生的价值观、社会性怎么形成？他们告诉我："学生自己在线下有很多活动。"当地华人告诉我："学生的考试成绩在全美是很厉害的，当地的华人最想去的学校之一就是这个学校。"所以未来的学校通过网上来学习，绝对不会是一个神话。

第六，未来学习中心的教师将更加开放多元。

温伯格曾经说过，在知识网络化以后，房间里面最聪明的，绝对不是站在讲台前给你上课的老师，而是所有人加起来的智慧。也就是说，未来的学习中心不再依靠传统教师。学习中心会拥有一部分自己的自聘教师，他们拥有这个学习中心的优势课程。但是大部分的课程可以购买，课程外包，可以跨学习中心来调用教育资源。所以Facebook（脸书）的创始人马克·扎克伯格提出的"教师将成为自由职业者"将不再是神话。未来教师可能更好管，因为他是自由职业者。我们有选择的权利，各种培训机构也将转型为新的学习中心或者课程公司。但是不管怎么样，教师这个职业、这个行业是不会消失的，只不过教师的角色可能会从过去的处于中心地位，变成一个陪伴者、指导者、学习伙伴。

第七，未来学习中心将采取政府学习券与个人付费相结合的方式。也就是说，未来学习中心可以由政府开办，也可以由民间开办。政府为基本的学习内容买单，也就是为政府规定的一个基本的学习要求买单。但是你要学习个性化的内容，你自己付费。WISE（世界教育创新峰会）在前年做了一次调查，认为“未来私人为教育买单的经费会有大的增长”。所以，课程外包和政府采购，将会成为一个很重要的特点。

第八，未来学习中心的考试将会走向描述、诊断、咨询。大数据、人工智能一个很重要的特点，就是会跟踪记录学生的所有学习过程，会发现你学习的历程和学习的难点、重点在什么地方，帮助你及时地去调节学习过程，帮助你取得更好的学习效果，而不再是帮你进行简单的评价，给你一个简单的分数。所以未来的学校，课程证书的意义和价值会远远大于文凭的意义和价值。未来你在什么地方修的什么课程可能更重要，因为不同学习中心、不同学校的课程的含金量是不一样的。一个大学不可能所有的课程都很棒，所以不同大学里面最优秀的课程的组合将会使一个人变得更卓越、更优秀。所以未来不是我选择北大、清华，而是选择北大的某门课程和清华的某门课程的组合。最终不是看考了多少分，而是看分享了什么、建构了什么、创造了什么。

第九，未来学习中心将打破学校教育与社会教育、普通教育与职业教育的壁垒，为学生的终身学习提供服务。未来学习中心不存在为老年人办个老年人大学，为学龄前孩子办个幼儿园的情况，学习中心可能为所有人去服务，混龄学习将成为重要的特点。这样，所有的训练机构都可能转成以它自己为特色的学习中心。我就跟好未来的老总讲：“你完全可以到学校里面承包数学课程，承包你最擅长的物理课程。”一个学校可以没必要请数学老师了，就请你的课程外包就可以了。现在学生很痛苦：在学校里学数学，一离开学校就要到好未来再学数学；在学校里学外语，一放学再到新东方继续学外语。政府的教育券可以流通，可以到新东方买单、好未来买单，哪里教得好就可以到哪里学习。

第十，未来学习中心的理想和宗旨——过一种幸福完整的教育生活。

前不久我在北京做一个讲演，我说：教育会不断地变。但是如果不断地变，没有把握住“不变”的东西，你永远把握不了教育真正的本性，你永远跟不上变化的步伐。什么才是教育不变的东西？我认为就是——过一种幸福、完整的教育生活。让每个人能够快乐地、自主地学习，让每个人能够真正享受学习生活、享受教育生活，让每个人能够发现自己的潜能与天赋，让每个人在和伟大事物遭遇的过程中发现自我、成就自我，成为最好的自己。我觉得这是教育在任何时代，从古到今永远不会变化的东西。所以什么是好的教育？就是过一种幸福、完整的教育生活。

新教育实验是一个从2000年开始发端的教育变革，在中国现在已经有3000多所学校，有120个县级教育局在跟我们合作，包括生命教育课程，晨诵、午读、暮省课程等等。它一个很重要的特点：我们认为应该给人幸福。因为“幸福”不仅仅是教育的目标，“幸福”实际上是人类最终极的目标。经济发展也好，社会发展也好，最重要的是为了让人获得幸福感，让人真正地能够享受他的生活。怎么让人幸福？我觉得这是需要研究的。其实“幸福”还不够，教育本来就是给我们带来一个非常幸福的、快乐的体验，一种挑战未知，一种合作学习，本来应该就是非常幸福的。

同时教育还有一个很重要的使命，就是帮助人成为他自己。现在的教育很大的问题，就是用统一的考试、统一的大纲、统一的评价，把所有的短补齐了，所有的人变得一样了，而不是扬每个人的长。人什么时候最幸福？当一个人实现自己梦想的时候，当一个人发现自己才华的时候，当一个人找到自己值得为之付出一生努力的时候，当一个人能够非常痴迷地做一件事情的时候，这个时候才是最幸福和快乐的。教育就是让我们的学习中心成为汇聚美好事物的中心，让所有的人能够找到自己、发现自己、成为自己。

未来不是我们要去的地方，而是我们正在创造的地方。方向比努力更加重要。这次论坛很重要的目的，就是让我们能够看清方向，能够建设出中国更好的未来学习中心。中国的教育就像中国的商业一样，完全可以弯道超车的。靠我们的智慧、勤奋，关键是看准方向，不断努力。其实我们已经在布局，我们也想在中国率先做出这样的未来学习中心，让大家知道这样的学习是完全有可能的。让我们一起来努力。

谢谢大家！

徐子望

上海西外外国语学校联合创始人

前高盛集团合伙人

如果世界发展临近奇点，问教育之变与不变？

老师好，同学好，各位与会嘉宾好！这个题目出得很大。因为我是带着这个问题来的，我没有答案。今年10月我们会在玉龙雪山底下的一个村庄里讨论这个问题。我们每年讨论一个题目，这个题目其实是去年7月份决定的。现在大家很焦虑，既兴奋又焦虑。因为我们看到了一个巨大的变化、巨大的革命，但是我们对此没有答案。今天我都不知道为什么把我放在这里，可能我是唯一的外行，后面都是专家。我不过办了一个十五年一贯制的学校而已，而且是跟我们的教育专家林博士一起创办的。

我们是办校的人，面临这个变化，我们就要问一系列的问题。所以我今天来分享我想问的问题，因为我觉得现在有可能去问问题，给出答案可能不怎么靠谱。现在是一个多问问题的时候，有了好的问题，有了正确的问题，有更多的好问题、更多正确的问题，我们就可能离“好的答案”更近了一步。所以我今天，是来问问题的。

“奇点”很吸引人。我看下午有很多的专家谈这个问题，其中包括我的一个好朋友，现在是奇点大学的股东，他也是我们今年论坛的一个主要组织人之一。谷歌的首席未来科学家讲了很多很多的东西，可能是比任何一本书都要全面，令人兴奋。科技的指数级增长，你根本挡不住。还有就是人工智能、非生物的智能或者是无机的智能要超过有机的智能。我有一个朋友讲了很有意思的话："这个东西很吸引人，不像原子弹。原子弹我们人造出来就知道，这是坏东西，万不得已的时候才能用。奇点临近、科技发展、人工智能很有吸引力。"包括刚才讲到的很多的优点，包括让我们长生不老。所以这一定是一个陷阱，人满足不了，一定要用它。所以关于人工智能等科技的发展，现在世界上其实有两大主要的思想或者是思潮。一派是拥护，觉得你也阻挡不了，人类就是这样。将来你找男朋友、女朋友，你跟谁结婚？你自己还不如谷歌对这个答案清楚。另一派说："不行，我们人类可能因此而走向终结。"

这个问题很大，我们讲一些具体的。这两天上海"幼升小"的面试，群情激愤。今年上学的孩子，等到他大学毕业的时候，保守地讲65%的工作已经不存在了。你叫他学什么？你教他什么？所以这是个很大的问题。学习什么？我们回答不了。但是可能更重要的问题，是"什么是学习？什么是教育？"一个人的学习能力，终身学习的能力怎么形成？怎么跟人机共存，让自己成为一个幸福的自己？刚才朱会长都讲到了。最严重的是，到底将来人工智能是我们的老板，我们是它的宠物，还是怎么样？这个还太遥远，我也没答案。但是在我们成为AI（人工智能）的宠物之前，我们人不只是一个动物的人吧？在社会的人方面，AI会对我们有很多的帮助。比如：摆脱男女纠缠。但是如果量子力学是正确的话，有一些男女纠缠还是摆脱不了的。所以这个世界很奇怪，没有一个标准的答案。还有我们精神的人呢？刚才朱会长也提到，人还有一个“精神的人”。这个“精神的人”怎么成长，怎么获得满足？我们的基因里面有我们所有精神的人的信息吗？未必。就是我们的灵魂，不完全跟我们肉体是相结合的，这是另外一个话题。

去年论坛开会的时候，我们谈论的是“人工智能与人的智能”。我们到底是谁？我们的智能到底是什么智能？我们的意识是什么？

四五月份，AlphaGo把李世石打败了。我们就把夏老师，现在是上海青少年围棋队的教练请去了。他跟我们讲，在李世石跟AlphaGo下围棋之前，大家都轻敌。因为他们不了解，他们认为人工智能就是电脑，因为这帮下围棋的人不知道人工智能是怎么回事。因为他们都是隔岸观火，既懂又不懂，惊慌失措。他们当初很骄傲，说：“根本不行。”根据它当初跟欧洲六段下的情况，说李世石不是5∶0就是给它面子。结果第一盘棋下了，我们的聂卫平棋圣就说了“末日来临”。其实把这些围棋大师打败的人工智能是很简单啊，跟我们现在高考准备题海战是一样的。什么叫“深度学习”？就是高考的题海战。差别在哪里？我们的孩子可能要花五六年完成，它可能一天就完成了。一个好的国家级围棋选手，一生只能下20万次棋。AlphaGo一天就可以下100万次，甚至于超过，这就叫深度学习。其实很简单，用视网膜作为信息输入的一个端，然后“3，6，12，……”，现在可能已经递推了七八层了，就这样。所谓“深度学习”我讲得简单一点就是题海战，就这么一点东西就把我们围棋打败了。那又怎么样呢？我们人一定会有与之共存的东西。所以我在想，AlphaGo是把大师打败了。围棋本来就是一门艺术、一门修行，后来世界发展太快了，把它变成了一种竞技。当时我请夏老师来讲，我是通过朋友找到上海的体育局找到围棋队的。他们下围棋的人觉得很纳闷，就是我们下围棋跟体育完全不搭界的。虽然围棋被AlphaGo打败了，但是围棋作为人性的修养、休闲的这个意义还在，这个没被拿走。

所以我由此而想到，人工智能来了，会带来那么多的革命性的变化。我们问一下，我们的教育本身，它的本质、它的目的、它的存在已经千年的这些基本的原因，有什么是不变的？围棋作为一个休闲的东西，AlphaGo把我打败，我这个休闲意义还在啊。教育也是一样。另外我的一个灵感是哪里来的呢？亚马逊的创始人，大家都知道他是用互联网零售把传统的沃尔玛打败的。但是他做的事情跟我们看到的是不一样的，他最早问自己的一个问题是：“互联网来了，商业本身、零售本身，不管你有没有互联网，哪几条是不变的？”他当初得出了结论——

他是卖书开始的——亚马逊后来就围绕着这三条，用互联网去满足这三条不变的零售的本质：1. 书一定要多，品种要多，我比你书店还要多。2. 我要便宜，一定比你书店便宜。3. 送达快。

人工智能来了、学习中心来了，什么是不变的？另外还有一个很有名的例子——我来开这个会，我其实是到这个会来寻找专家来的，我们今年10月份要讨论这个东西。我看了一本书，是可汗写的，我们都认为他是通过互联网视频放出来的东西，通过互联网颠覆了课堂教育，其实他整个一本书探讨的都是"为什么正确的教育规律不能运用"。

我觉得第一个不变，可能就是"无教自教"。今年3月份，我参观了松下幸之助的政经塾。他第一堂课，就说："我告诉你，我不给你介绍工作，我没有教材。"教育的真谛、找到答案的真谛就是自学，所以我想到一句话："自学是最大的因材施教。"这个可能不会变吧？

比尔·盖茨数学算好了，但是他的孩子就是学不好。后来他的孩子在上可汗的这个视频，数学上去了。比尔·盖茨发现了，来找可汗。可汗是这么出名的。但是他的真谛是，每个人的速度是不一样的，你让他自己学习，这又是一个。另外朱会长讲的学习中心将来可能是混合。老师和学生谁也不是中心。最近明显的例子，就是斯坦福大学提出了"开环式大学"。这个概念本质上就是这样：一生当中任何六年学习时间你就可以拿到我的本科学分。有的人可能选择中间出去两年，有的人可能一生当中隔开很多年。这就会造成不同年龄跨界的人会在一起，不像现在18岁考大学，22岁毕业，基本上同龄人在一起挤压、竞争。将来可能老、中、青在一起，会是一个很有意思的群体。混龄多元的人在一起，这个其实在我们古代的私塾也有这个意思。

还有我觉得可能不会变的，就是“温故而知新”的思想。因为你去看“可汗教育”里面，我看它后来设计根据每个人的学习状况而定。你学数学，他有一条，就是你要跳上去，要连续做对十道题，中间错了不算。他觉得你连续做对十道题，这个奶酪里面这个孔、这个知识点就被填了。如果你做了三道，错了两道，又继续对。人工智能会根据你的状况自动生成题目，让你把知识孔给填了。还有一个例子，其实在美国上个世纪的20年代，在芝加哥一个很富的小镇，有一个人搞了一个“温内卡特镇教育计划”，当初叫“精熟教育”。这个很成功，后来美国人全部想推广，但推广不了，因为他要因材施教，财力、人力、教师的培训都不一样。我后来在想，中国的基础教育很好，我们就是把基础教育搞成功了。但是我们是承受了多大的痛苦？动用了多少资源？但可汗用互联网轻松实现了，所以要拥抱技术发展。

最后一个问题，如果AI到某一天只要1%的人生产，99%的人消费，那个时候，教育将是一个什么东西？可能是当年杜威讲的：“教育没有目的，教育本身就是它的目的。”可能将来因材施教、因爱而学，是对付将来人工智能突飞猛进的一个共存之道。过去我们希望——就是刚才讲的——要补短。今后人不要那么全面，要扬长；扬长让人有正能量。所以我想起千年古训。我们现在求得太多，求得太快，求得太满，要太聪明。这里都会比不过AI，过去要求少，求缺，求笨。一个人与生俱来的长是什么？每一个人都不一样，这个可能是将来你跟人工智能这个未来的老板共同生存下去的王道。你把你与生俱来的东西发挥得好，可能就可以不被替代。

我就讲到这里。谢谢大家！

鲁　白

清华大学教授

《知识分子》主编

人工智能与未来学校、未来教育

我跟北京大学的饶毅和普林斯顿大学的谢宇教授共同创办了《知识分子》杂志。《知识分子》非常关注“人工智能与教育”这个话题。我个人是研究“脑”的，与人工智能没有直接关系。最近人工智能很火，很多人老是把机器脑跟人脑搞到一起。在我看来，人脑跟机器脑一点关系都没有。其实人工智能不是我的专业，我也没有太多想说的。我是来学习的，今天借此机会，谈一下我的思考：人工智能与教育的关系，以及对教育的影响。

我主要想谈以下三个方面：1. 人工智能能够对我们的教育产生什么样的冲击？2. 人工智能如何能够应用于教育？3. 教育以及我们每个人如何应对人工智能大时代的到来？

我的两个孩子都是在美国上的常春藤大学。一般美国高中毕业生会被很多个大学同时录取。四月份的时候，被录取的考生和他们的家长都会有机会走访各个大学，了解学校有什么特殊的教学方案来让他们在这里很好地学习、成长，最后选一个最适合自己的学校入学。当时我们去考察各个大学时，都会问大学校长、系主任这样一个问题：假如未来有一个新的学科（譬如人工智能），你们学校打算如何应对？每个学校的回答都不一样，这反映了不同学校的教育理念。普林斯顿大学表示，当一个新兴学科出现的时候，他们一定找到最好的教授，请他们来给学校的学生上课。我接着会反问一句：要是这个学科没有教授怎么办？因为一个新兴学科往往是年轻人做出来的，这些学科往往没有教授。

哥伦比亚大学给出一个完全不一样的回答，他们说，他们就会请这个学科里面最年轻、在最前沿工作的人到学校来上课。举例子来说，那个时候华尔街出现了一个新的策略，就是不惜工本地把市值不高而价值不错的公司强制买过来，这叫“强行购置（aggressive takeover）”。哥大曾经把一个擅长强行购置的投资家请到学校给学生上课。那人给学生布置了一个作业：去看市场上有哪些公司市值远远小于它的实际价值。结果他把很多学生的作业，也就是他们的研究成果，用来给自己的公司做强行购置的参考。这也成了一个很大的丑闻。

斯坦福大学对这个问题思考得比较深。他们不是简单地把社会上的能人请到学校上课，而是设立“咨询教授（consulting professor）”系列，把比较有思想、善总结的专家有计划地纳入教育体系，与他们一起策划新兴学科的教学。著名投资人彼得·蒂尔（Peter Thiel）在斯坦福开设的课程就是一个很好的例子。它不仅有实例、有技术，还有观点、有思想，并且最后还提升到一整套理论体系。根据其讲义出版的名叫《从0到1》的书，在全世界都很有影响力。清华大学也曾把蒂尔请过来给清华大学的学生上课，那一次我也去听了，我们还一起探讨了中国的创新创业与美国的不同。

上面讲的是大学。中学怎么办？小学怎么办？你怎么来应对人工智能时代的到来？

第一个问题：人工智能对教育有什么冲击呢？关于这个问题，我是从三个方面来看的。1. 对教师、教学方法的冲击。任何体现重复性的需要、有大量数据积淀的事情，都可以被人工智能取代。当重复性的教育被AI取代的时候，教师怎么办？当AI可以随时随地用更精准、更有效的方法来教学的时候，老师还有什么用？所以我觉得“老师”这个职业，或者“教授”这种人，现在要开始思考：我们是不是会被取代？我们怎么来抵抗人工智能来把我们的工作取代？2. 对学生、学习方法的冲击。现在，我们的时间是碎片化的，知识来源也是非常多元化的。学生为什么要在课堂里听两个小时或者一个小时来获得他可以通过各种各样其他方式能够获得的知识？每个人的基因不一样，每个人的成长环境不一样，他接受知识、接受信息的能力也不一样。所以，人工智能会给学生的学习带来新的可能。3. 对学校、教育体制的冲击。很多职业将来可能就不会存在了，学校还是要为就业做准备吗？很多学校的专业设置是为未来的职业做准备的，这些职业要是不存在了，我们的学校怎么存在？关于这些，我们在清华大学进行了一次比较大的全校范围内的讨论，我们最后得出了一个共识，就是所谓的“三位一体”的教学模式。我们认为，学校的价值不是单纯的传授知识，也不是单纯的一个“能力的培养”，它还包括了“价值观的塑造”。价值观的塑造和能力的培养，往往不是课堂上老师单纯地讲能够实现的。我们的教育目的是要培养具有健全人格、有创新思维、有全球视野、有社会责任感的新一代人才。关于这样的一个目的，AI可能是给我们一个服务、一个帮助，而不是形成一个对垒。所以我们的定位必须要准。

第二个问题：人工智能如何应用于教育？这个问题我没有答案。我做过一点点实践，这个东西可能与今天的会议有些关系。我去年在清华大学开了一门课，叫“脑科学与人工智能”。我是想通过这个课，自己也来学一些东西。另外一个做法就是在互联网时代，我们想实现一种所谓的“翻转课堂”：课前让学生通过阅读、看视频，了解了基本知识，上课主要是请专家讲解最前沿的研究，注重学生跟讲课者的互动。我们可以像斯坦福那样把企业家请到校园的课堂里面来。跟其他领域不太一样，AI领域做得好的很多人都是在企业里面的，因此我们请了很多工业界的人工智能领军人物来给学生上课。其中有不少人还是很有思想的，并且擅长思考总结，如搜狗的CEO王小川。这是新的尝试，我们的目的就是培养下一代以后能够有完全不一样的视野。我们在《知识分子》上面组织网络报名，除了30位学生之外，还对社会公开，让社会上有兴趣的人也参与到大学课堂里面来。这是我们的一种尝试。

人工智能到底如何应用于教育？人工智能为什么今天会有这么大的发展？其实，李开复等人工智能的大咖都已说了很多次，一个是因为深度学习，一个是因为有高质量的大数据的存在，还有一个是因为我们高性能计算能力的存在。为什么在教育界还没有很好的应用？教育界有没有高质量的大数据？这个可能是问题的关键。是从学校（大学、中学、小学）入手，还是从技术入手（比如语音识别、图像识别）？我个人比较看好的是社交网络（像微信）。另外，我们进入教育，可能也要有一种模式的创新。几年前滴滴打车是怎么进入我们生活的？通过大规模地给司机补贴、给乘客补贴，它一下子就把一个本来是由完全国资的大众出租车占领的市场，变成了现在这样，好像没有滴滴打车大家就不能过日子。这是一种模式的创新，也许我们在教育里面也希望有这样的创新出现，但是教育有它的特殊性。教育有一个特点，就是被教育者的年龄是不断变化的。我们教育最终是要培养一些跟人工智能不一样的东西，我们人是具有想象力、创造性的。怎样通过教育把人的想象力发扬光大，然后来创造新的东西？这是值得思考的问题。

第三个问题：教育如何应对人工智能时代的到来？我们每一个人如何应对人工智能时代的到来？我很担忧我们的下一代。事实上，我们整个中国都处于一个巨变的时代。针对这些问题，清华大学全校师生讨论，也请了麦肯锡公司进行分析，总结出四点：1. 全球化。当前，人才的流通、资本的流通，各方面的连接非常紧密，交流非常快。我们需要什么样的人才呢？我们需要的是具有表达能力、社交能力、有全球视野和国际竞争力的人才。所以我们的教育要注意这个方面。2. 人类社会深刻转型。我们现在一方面出现了科技的进步，另一方面，环境污染、资源约束、贫富差别等问题不断发展。我们新的领域层出不穷，决定了我们对人才的需求以及人才的成长方式都会有改变。3. 中国的崛起。中国的崛起对于我们未来的领军人才有特殊的要求，需要他们有新的价值观和新的能力，有新的知识结构。在人工智能到来的全新的时代，我们要用好人工智能来解决中国的问题。4. 快速发展，科技革命。这个是显而易见的。我们需要有创造性、有想象力的科技领军人才，而且需要他们有企业家的精神。这是最近人们在人工智能、脑科学的一系列讨论中得到的一个重要的共识。想象力和创造性，是人脑跟机器脑的最大差别。我们的教育如何来应对科技革命，应对人工智能的到来呢？我们每一个人都要学会如何在人工智能的时代生活。

当然，以上谈到的只是技术层面。我们从一个大学，从一个教授、学者的角度看，一个时代真正的崛起，一定会伴随新的文化、新的思想。一个有趣的问题是，人机之间有没有伦理？今年在博鳌论坛中，我们参加了腾讯组织的一个非常有趣的讨论："想象 2045 年报纸的头条会登什么样的新闻"。其中有一条，就是一个女孩要跟一个机器人结婚，中关村法院判决"不能结婚"，因为法律中没有人可以与机器结婚这一条。这就是人机伦理的问题。还有就是社交性：与过去的社交不同，我们现在可以同时跟很多人社交。我们该如何来应对社交文化的改变？我们现在面临着的是第四次工业革命，第四次工业革命一定有伴随它的文化及思想，这将会冲击我们的价值观和人生哲学。

主持人：尹后庆（上海教育学会会长，原上海市教委副主任）

对话嘉宾：鲁白、徐子望、朱永新

嘉宾对话与观众互动

尹后庆：

今天听了你们三位的演讲，我确实感到人工智能也是可以彻底改变人的认知，至少部分改变了我对世界的认知。我提几个问题，我们大家一起来讨论。

第一个问题是要问朱永新先生的。我知道您是非常关心阅读的，您在政协的提案，就是“建立全国的阅读节”。但是刚才的演讲中间，您说了一个“机器可以取代人的阅读”，我不知道这个“阅读节”是让机器来阅读，还是让人来阅读？我并且注意到您说过一句话：“一个民族的阅读史，也就是民族的成熟史。同样，一个人也是如此。”我想当机器替代人阅读的时候，怎么样通过阅读使得一个人成熟起来？

朱永新：

关于阅读的问题，大家如果有时间，可以去看我的一本书，叫《我的阅读观》。这本书讲了五个基本观点：1. 一个人的精神发育史，就是他的阅读史，讲的是阅读和个人的精神成长。2. 一个民族的精神境界，取决于这个民族的阅读水平，这是从阅读对于一个民族、国家的角度讲的。3. 一个没有阅读的学校，永远不可能有真正的教育，这是讲阅读和教育、和学校的关系。4. 一个书香充盈的城市，才能成为美丽的家园。5. 共读共写，共读生活才能拥有共同的语言、共同的密码和共同的价值。

其实这五句话，我觉得在人工智能的时代也不会过时。我刚刚讲的是说：机器可以帮助人阅读。这不是我的观点，是我上个星期在北京参加一个会议的时候，北京一家做阅读的公司，那个老总他们现在想探索这样一个可能性，就是机器来帮助人阅读。我个人分析“机器帮助人阅读”是有可能的，但是“机器不可能代替人思想”。刚刚鲁白先生讲了，机器的建构可能会建构起它属于机器人的价值观，但是它不可能拥有我们每个个体的价值观，每个个体的精神成长历程和他自己的阅读有关。很多知识性的东西，可能借助于机器帮助你去归纳，帮助你获取各种各样的资料和材料。

过去我们在大学里做学问的时候，我们要到图书馆的卡片里面一张张地去找。现在你在键盘上一秒钟搜索就可以完成了，过去我要用半天的时间去搜集。未来机器人帮我们去做，可能连这个时间都不需要，可能瞬间就可以帮你解决。所以机器人帮助人阅读的可能性是有的，但是它不可能代替人。同时，更不可能代替我们建构自己的一种价值体系和情感体系。因为阅读这个东西，它不仅仅是一个获取知识的过程，它同时也是形成价值观和情感的过程、一个体验的过程。

未来人会不会被人工智能彻底地打败？机器人已经在很多领域打败了我们，在阅读的领域它能不能打败我们、代替我们？我觉得这当然取决于机器人自身成长的可能性，很多东西我们还看不见未来真正的结局。但是在看不见结局的时候，我们的阅读是不能停止的。

谢谢！

鲁白：

我来补充两点，关于阅读的两点。因为我自己最近跟科技大咖，特别是从事人工智能的企业家有比较多的交流。我跟搜狗CEO王小川有一个长谈。他说："人是有三个层面的。"因为有了机器人，所以他就一直在想"人"的问题。

他说人有三个层面：第一个层面，要生存。你做生意也好，做学术也好，归根结底一句话，就是你想要生存得更好。所以人工智能来的时候，就对"生存"这个事情产生了挑战，这是第一层。第二个层面，是阅读。为什么是阅读呢？当你在读书的时候，你的思想是自由的，你成了一个自由人。所以在阅读当中，你发现了自我、发现了你的自由，你的思想是自由的一个人。第三个层面，是贡献。人要有意义，这个"意义"不是你得到了多少，而是你付出了多少。付出的越多，你人生的价值就越大。人不单是靠基因来遗传，通过自己的思想也可以——我通过对社会的贡献可以留下东西来。

这三条对我很有启发，特别是第二条。阅读可能是有这样一个含义，就是让你有一个自由度。而这个自由度不是人工智能能够取代的。

我跟滴滴打车的创始人聊天。我说："我有一个朋友是华东师大的书记，他的电脑里面有很多行业的书，他是一个阅读狂。他说阅读给他带来快乐，很多情况下他要花很多时间找书。哪怕是厚厚一本书的一句话，他也要去找。"他说："现在大家在百度上打一个关键词就能跳出来很多东西，让你自己去选哪个东西是需要的。将来人工智能实现以后的百度或者是谷歌不是这样的，能精准地告诉你要什么东西。"所以这个时候那位书记收藏了这么多书，还有什么用？他脑子里想的只要说出来，百度马上就告诉他想要的东西。这就是人工智能对我们阅读可能产生的冲击。

谢谢！

尹后庆：

人工智能的阅读，还是在程序性的问题上，在搜集资料的过程中间，对人起到一种辅助作用。但是"思想"，还得人们自己来思想。

朱永新：

我刚刚看到湖北随县的一位教育局长过来了，正好在华东师大学习。湖北随县是一个农村县，但它的阅读量是整个随州市其他学校的大概4到5倍。最近整个随州市初中的综合测评结果，前十名中他们一个县拿了八个；前二十名，他们一个县拿了十六个。所以阅读是全面提升学生智力背景的一个重要工具。即使是在互联网的时代、在人工智能的时代，恐怕阅读也是很难真正被替代的。

尹后庆：

这个问题就讨论到这里。接下来，我要提第二个问题。徐子望先生您讲话中讲到围棋，我很感兴趣。您说："围棋是人类的休闲。"刚才我问："究竟是修行还是休闲？"您说："既是修行也是休闲。"好，那么问题来了：我们要为了一种不被技术侵入的人类生活的内容而做出我们的保护性的动作吗？

徐子望：

尹主任用朗诵诗歌般的嗓音来问这个问题，我脑袋都不知道怎么转了。这个问题很简单，其实跟刚才的问题是一样的。比如：人阅读作为信息的收集与处理，这个要被替代。是吧？将来律师所有的案例就不要读了。最后可能包括一般的判决都不要写了，最高法院判决可能还要规定要人写。

现在我们讲的就是"打"。AlphaGo把我们打败了，我们"人"跟"机器人"的关系好像是"打"跟"竞赛"的关系。为什么不能共存呢？至少在它完整地超越我们之前，允许我们共存，我们可能有很长的一段蜜月期。到底人类社会这个事业怎样走向灭亡？这个讨论没有什么意思。但是在这个之前，我觉得是很有意思的。

再讲“修行”。如果按照《奇点临近》这本书的作者讲，2029年以后人工智能不需要我们再帮它设计、修改了，它自己设计、修改。在它允许的情况下，在我们人类现在还来得及做出选择的情况下，做必要的立法跟监管的情况下，我们是可以共存的。包括我们的精神需求，包括“修行”这一类的东西。但是现在有一个很可怕的情况，那就是科技似乎变成了“神”。当年“神”在《创世纪》里面做的事，现在科技都做得到，这就是“科技”在取代宗教、取代神。但是科技其实是可以看得见、摸得着，可以不断被颠覆的东西；神是看不见、摸不着，既不能证实也不能证伪的东西。所以现在的问题是很多的。简单地回答，如果允许的话，我们人的修行、人的精神需求是不必要被替代。我们不是一个“打”的关系。再说更简单的话，凡是人脑能做的事情一定被替代，但是我们还有一个“心”。你看我们中国的文字很有意思，“烦恼”等等，跟情绪有关的字里面都有“心”字。这个东西人工智能能替代吗？

鲁白：

这个不太正确，我稍微补充一下。您说的这个古代什么“心”，用“心”来心想。那是因为他们不懂科学，你把心解剖开来，它不能想的。还有情感这个东西，情感也是在脑子里面的，只是在脑子不同的部位。

徐子望：

“心”在英文里面老外没办法找到。你好好地想一想！

朱永新：

这个时候“心”相当于“脑”，还有一个“灵”。

尹后庆：

我们人类确实面临一个问题，就是什么是挑战，对人类科技、对于人类精神的挑战？也许我们希望在未来，在机器人、在人工智能普遍应用的过程中间，整个世界都发生了变化，但是我们人类还有“诗和远方”。

我的第三个问题，你们三位都可以回答。刚才讲到“基因测试”，我想基因测试一定能够帮助我们更好地认识个人发展的生命特质的极限。比如：我想成为刘翔。但是因为我的腿不够长，也许永远不会成为刘翔。但是基因在多大程度上能够决定人的发展呢？人的发展难道只是生命特质规定的吗？我想这个就作为这一节三个问题的最后一个，我请三位都来回答这个问题。

鲁白：

他们从非科学的层面来讲，我就从科学的层面来讲。人之所以成为人，是由两个因素决定的。

第一是基因。人跟人之间为什么不一样？你跟我为什么不一样？是因为我们在基因层面的差别，这个差别尽管非常微小，但是这个差别就造就了我们这个人在出生的时候就不一样了。我通过研究发现，单个的核苷酸的变化会造成人的记忆能力的不一样。2003年我发表了这篇文章，说明基因是很重要的。

第二是后天环境的变化。稍微说得远一点，人跟其他动物不一样就是他站起来了。站立起来了以后，妈妈怀孕的时间就缩短，缩短就是早产。所以就有一个非常长的在体外的成长过程，在体外成长的时候就受各种各样因素的影响。所以相对于其他的动物来说，人最受环境影响。个人经历不同的环境，给他的大脑发育造成了相当大的影响，这个是已经被反复证明了的事情。环境可以通过我们大脑来改变一个人。对于大脑的发育来说，女孩子大概在21岁左右完成，男孩子或许更长，所以就有很长一段时间是发育的过程。即使发育完了以后，环境对你还是会有影响，这是基因跟环境之间的互动，最后造就了“我们是谁”。

朱永新：

其实在教育学领域，这是一个常见的问题。遗传、环境、教育，遗传毫无疑问提供了一种人的发展的可能性。如果不具备这样的遗传，不具备运动基因，你可能永远成不了刘翔。通过练习，你可能成为很好的篮球运动员，但是成不了顶级的大师。基因为每个人的发展提供了一个可能性，但是基因能不能成为现实？要受环境的制约。如果没有这个环境，没有这样的一个碰撞，他可能永远发现不了自己。我们很多人可能一辈子做的不是自己，他本来应该选择的是另外一条道路，只是他没有走上那条路，没有给他提供那样的环境和教育，所以环境很重要，特别是在成长过程中的环境。很多人的天赋和基因有所谓的“灵感期”“关键期”，教育是很重要的。所以有一句话：“时过然后学，情苦而难成。”很多事情在那个时期学习非常好，过了那个时期效果就很差。

比如外语。学习语言，跟基因、天赋、学习语言的环境都有关系，跟教育也有密切的关系。所以教育、遗传和环境，这三者是一个辩证的关系。

尹后庆：

我想这个“关系”不管人工智能怎么发展，它还是“变”与“不变”的关系。

徐子望：

“遗传”本身就是环境的一部分。对不对？因为你在进化，基因也在进化。另外还有一个变化，就是刚才鲁白讲的，他是科学地思考问题，我们是非科学地思考问题。但是现在科学对世界的理解可能就是20%到30%，还有70%你不知道。你不知道这个是科学还是非科学。我觉得现在大家都不要以科学的名义来下任何的结论。

尹后庆：

因为时间的关系，我没办法让大家提问了。我刚才提了三个问题，他们做了非常精彩的回答。我想我们大家对于这些问题是需要继续思考的。当人工智能进入到社会生活的时候，人该怎么样、教育该怎么样，才能面对我们的未来？这一阶段的活动就到这里，谢谢大家！

人工智能如何改变教育

褚君浩

中国科学院院士

华东师范大学信息科学技术学院院长

智能时代：智慧的教育是什么？

我的演讲主要分为三个部分：

一、历次工业革命的回顾

18世纪，英国引领了第一次工业革命。18世纪第一次工业革命的特点是机械化。第二次工业革命是19世纪，特点是电气化。20世纪初的时候，实际上有第三次工业革命，特点就是信息化。也就是说，我们现在就处在信息化的后期。我们现在用的手机、用的所有的信息产品，实际上都是信息化的产物。而信息化的产生是由于量子力学理论的发现引起的。所以第一次工业革命的特点是技术到科学再到技术，第二次工业革命首先是有了科学发现，然后才是到技术（电机、电动），然后再到科学。所以工业革命的特点，一定是科学跟技术互相促进。如果没有科学跟技术交换的互相推动，就不是工业革命。我们现在新工业革命的驱动力是什么呢？其中之一是能源环境问题。

人类面临能源、环境问题，还有水、贫困、恐怖主义、教育、民族等等问题。这些问题促进、驱动现在新的一次工业革命的发生。

另外，信息技术本身还在飞快地发展，人类不断追求更加美好的生活。所有这些都是新工业革命的驱动力。现在科技发展有一些特征：

1. 信息技术深入各类技术，深度融合。

2. 科学发现到技术发明，技术发明到产业应用的转化周期日益缩短。

3. 科学和技术密切结合，相互促进。

4. 科学技术对生产方式、生活方式和思维方式产生新影响。

第四次工业革命到底是什么？到底是量子技术，是纳米技术，是新能源技术，还是什么呢？大家都在探讨：第一次工业革命是机械化，我们用了一个“什么什么化”来描述它。我们怎么样描述第四次工业革命？我们现在看一看科技发展特征。现在的特征是信息技术进一步深化发展，量子信息技术也在发展。多领域的发现跟发明都会并行交叉，不是单纯一个什么电动机，不是单纯一个什么蒸汽机，而是很多领域在发展，多轨并行，交叉推动。还有就是信息技术和多领域技术深度融合发展，发现、发明的产业转化周期缩短。

IT时代的特征还在深化发展。数字化发展呈现为大数据程序化发展到智能化、小型化发展到微纳化等等，而且量子通讯、量子计算等都在发展。所以信息技术没有停下来，信息技术还在往前走。第二个是基础研究蓬勃发展，我们现在的第三次工业革命的源头是量子力学。因为有量子力学，所以有能带理论，所以有半导体技术，所以有大规模集成电路，所以有电子计算机，所以有现在的手机。没有量子力学，就没有一切。所以李政道说："没有昨天的基础科学，就没有今天的技术革命。"还有就是信息技术和能源、制造、材料等领域技术的发展深度融合。

新工业革命的核心是什么？就是智能化。具体包括：

1. 智能化分布式新能源系统。

2. 智能化复杂体系（智慧城市、机器人、人工智能）。

3. 智能制造和新材料。

4. 信息生命科学、健康产业。

二、迎接智能时代

智能化里面最最重要的特点，就是智慧融入到一个物理系统。这个物理系统可以是一个能源系统，可以是一个学校，可以是一个教育的场景，可以是一个家庭，可以是一台机器，可以是一个电机，可以是一个什么系统。智能化的系统是什么东西？一定有信息的实时获取。获取信息以后要怎么样？要有一个实时智慧分析，然后要做出判断。所以"分析"也是核心，里面有两个核心技术：1. 实时得到信息；2. 智慧分析。所以传感器特别重要，大脑特别重要，传感器就是代替人的五官，实时地得到信息，得到信息以后加以分析。

我现在带了一个传感器，是一个红外传感器。

右边这个就是我的红外图像。我个人是一个有温度的物体，发射红外光。通过这个传感器就能实时获取我的热成像图。

如果在手机上面套一个红外传感器，也能实现热成像图的实时获取。左边这两个图就是我用这种方法拍摄的我的办公室，一个是我的计算机，另一个是计算机拿掉了以后的台子上的热成像图。

你看红外线的作用，一个苹果，可见光看出来是好苹果，用短波红外一看是烂苹果。

这个图中，用可见光，海上面看不见东西，用短波红外却可看见海面目标。这个是我们最近发明的最新的传感器，它有它的新的原理。

还有对于老房子来说，房屋柱子里面如果装了传感器，就可以实时报告压力情况。我们事先就可以知道这个房子到底有没有倒塌的危险。

智慧地球=互联网+物联网+智慧识别和控制。首先是传感器，然后智慧识别。所以就有下围棋的机器人，就有无人汽车、无人飞机。智能化系统有三要素：动态感知、智慧识别、自动反应。里面需要传感器，需要物理模型，需要大数据。

三、人工智能与未来教育

我们现在有服务机器人、医疗机器人，有无人机、工业机器人，还有快递机器人等很多种机器人。工业机器人很厉害，我前年到宝马的工厂里面去看，5000个人中有1000个是机器人。非常智能，尤其是喷油漆的地方，我们人根本不能在那里工作，但机器人毫无影响。

中科院制作了一个机器人，名字叫“玉兔”，这个机器人会在月球上面走路。它的作用就是看月球地面的光谱，通过这个光谱分析月面到底是什么材料。

机器人重要的是要有感官，然后是大脑识别、分析，最后是实时采取行动。所以一定是有感官，有大脑，有实施，所以智慧系统也是要一步一步来做的。

所谓智慧地球，实际上就是一个个系统都能获取信息，然后分析，并做出判断。这个概念扩展以后，就是智慧的食品、智慧的医疗、智慧的零售、智慧的城市、智慧的货运、智慧的交通。智慧的交通大家现在已经可以看到雏形，也就是信息化的交通。我们现在可以在电子地图上看到实时交通状况，然后选择最佳路线，这是信息化。如果无人汽车装上电子地图，然后根据路况自动改道，那么它就是智能的了。

刚才没有提出来智慧的教育。我们要探讨智慧的教育是什么。

1. 建设智慧校园

比如：智能化的物流、智能化的安全。包括：实验室假如有火灾，马上就有东西来灭火。这也是智能化。

2. 构建智慧教育与教学

听一听老师的报告，然后百度搜索你讲的对还是不对。智慧的教育到底如何来发挥它的作用？这个问题需要大家探索。

3. 智能教学机器人

现在还没有，但是应该会有的。智慧融入物理系统，我们融入到机器人的大脑里面，可以融入很多人的智慧，所以它的分析判断能力会超过一个人。为什么AlphaGo下棋可以下过人呢？因为它里面输入的智慧不是某一个棋手的，而是将好多棋手的智慧输进去，所以就可以打过某一个人。将来机器人老师能否应用于具体的老师工作中？我认为可以。因为它可以把好多老师的经验汇聚到机器人老师这里来进行教学。但是机器人耗能量非常厉害，它在做事的时候，所有的可能性都会计算。所以一个机器人和人下棋的时候，人类棋手吃一两块面包就能满足下棋的消耗了，但是机器人所耗费的能量是不得了的。为什么？它在做这个事情，所有的可能性都要计算，然后再找到一条路。所以人是有精神的，人是有情感的，人是有哲学头脑的。所以人的精神、情感、哲学加起来，使得这个人可以用最小的能量来做出最好的事情。所以我们现在要培育学生的潜能，让学生有健康的体魄和心灵。要汲取外界养料，修炼内在素质，要凝聚驱动力量。所有这些的驱动，是我们“人”和机器的一个重要的区别。

现阶段还不能够把情感、哲学放进机器中。爱因斯坦的脑子里面各种思考都有，那些诺贝尔奖得主都有非常特殊的方面，这是机器所不具备的。

人有精神，有一种驱动，有哲学来指导他，所以他能够做出很好的成绩。大学是培养人才的地方，我们要培养学生具有科学的素养、善于发现的眼睛、扎实的基础知识、浓厚的研究兴趣、出众的动手能力、坚韧的做事态度。机器人老师能做到吗？我认为还是做不到的。所以智慧教育的内涵是什么，是一个值得探讨的命题。既要建设智慧的校园，也要发展智能化教学机器人。但是，培养一流师资队伍，是最重要的事情。

谢谢！

米奇·罗森堡

人工智能、机器人及教育专家

KinderLab Robotics公司联合创始人兼CEO

教给孩子控制科技的能力，而不是被科技所控制

早上大家探讨了机器人以及人工智能在全球的环境中将如何影响我们的身心，非常有意思。我将跟大家探讨一下，我们的孩子如何更好地为这样的世界做好准备。我们给予孩子们这样的能力，让他们控制科技，而不是被科技控制，这一点非常重要。

我将跟大家分享的是："积木机器人并不是来取代老师的，只是取代传统的积木玩具。"

全球对于STEM（科学、技术、工程、数学）的教育都日益重视，最主要的原因是因为家长们认为这跟未来的工作紧密相关。认知科学和经济学的最新研究都发现，教授孩子们STEM最好的时期是在幼儿时期。

根据诺贝尔经济学得主的研究，在儿童早期进行STEM的教育所获得的投资回报是最大的。

我们怎么教孩子学STEM呢？他们的年龄决定了他们还没有建立学习抽象概念的能力。我的合伙人研究发现，教授幼儿STEM最好的方式就是把抽象化的概念变得具体、可触摸。最重要的是要让孩子们意识到STEM教育不

光是枯燥的计算，还有创造力。STEM的核心教学原则或者理念包括：编程、排序、建造、传感器、变量等等，培养解决问题和合作的能力也非常重要。更重要的是要把STEM教育和艺术、历史以及其他的课程融合在一起，特别是把STEM教育跟阅读和识字结合在一起。

这个图片展示的是一个孩子用KIBO机器人组件所创造的波斯舞者，这个学生只有6岁。

为什么我能站在这儿跟大家进行分享？我没有直接从事教育工作的背景，主要是作为公司的高管在商业领域工作。

我的合伙人玛丽娜·伯斯（Marina Bers）教授是塔夫茨大学的儿童早期教育教授，她在STEM教育领域写了五本权威书籍，并曾在TED（技术、娱乐、设计）大会上演讲。她找到我，希望通过跟我的合作让她的学术研究能够被广泛应用在教育实践中。

这是麻省理工学院AI实验室创始人、教育家西摩·佩珀特（Seymour Papert）教授跟他非常著名的机器人玩具海龟，同时他也发明了Logo编程语言。

佩珀特教授最重要的一个学习理论，就是他认为只有当学生做主的时候，最好的学习才能实现。教师的职责，其实是做一个教练，而不只是一个讲课者。

佩珀特教授是伯斯教授的博士论文导师。在伯斯教授的教学中，她拓展了佩珀特教授的教学理想。她的研究发现，编程或者说计算机语言，其实已经是一门新的语言，应该像大家教授英文、语文一样来教。她创造了适应于幼儿的年龄阶段和学习特质、通过具体有形的方式进行软件编程的方法。根据她的研究成果，我们花了15年的时间研究开发了一套机器人套件，帮助早期的儿童进行机器人学习。这套套件可以帮助4到7岁的儿童制造、编程和运行他们自己的机器人。

这张图片右边小女孩手里拿的黄色的东西就是机器人，其实更重要的是桌子上面摆的那些积木块。每一个积木块上面都有图片，代表了这个积木将会做什么，它代表了一行程序。

这整个套件由三个核心部分组成。第一是积木块，代表了软件编程，通过可触摸的形式展现出来。第二是机器人，可以让孩子来尝试展现他们编程的结果。第三是最重要的桌面或平台，因为它为孩子们创造了展现自己创意的天地。

很多同行的学术研究证明，这个系统可以帮助孩子们提高他们的STEM能力。两个星期之后，幼儿园小朋友排序的能力能够提升62%。教授STEM

并不仅仅是教授STEM这个能力，让他们热爱和喜欢上STEM更加重要。特别是对于女孩来说，让她们能够热爱和喜欢STEM很重要，这个套件也提升了女孩对于STEM的热爱。

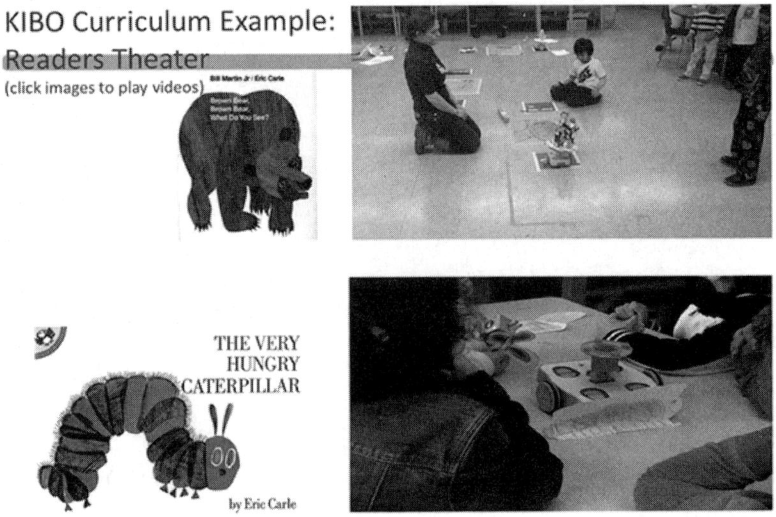

这个是把STEM教育跟识字教育结合在一起的一个例子。左边是两本孩子们在读的书，右边是孩子们自己制造的机器人，而且他们还在装饰它，他们用这个机器人来完成书中的主人公所做的事。

我再跟大家分享一个例子：怎么把学术研究、创业的实践跟政府的支持结合在一起。新加坡去年把PlayMaker项目作为他们“智慧国家”的战略基础，他们决定从早期儿童开始，在10%的幼儿园都实施这个项目。这个项目给每个幼儿园提供四套有技术支持、能触摸、能动的玩具。

一年之后成果就非常显著，除了提升STEM技能本身，93%的老师都认为孩子们的毅力、创造力、创新能力等都得到了提升。90%以上的老师都希望继续在教室里使用这些玩具。

最后我想总结一下今天的分享。我们觉得培养普适的STEM能力非常重要，而这要从儿童的早期开始。最好的方式就是用具体的、儿童能够理解的材料跟其他教学内容相结合。结果是不仅技能提升了，态度和创造力也都有很大的提升。

谢谢大家!

蒲戈光

华东师范大学计算机科学与软件工程学院副院长

上海市高可信计算重点实验室副主任

教育的银弹：一个计算的观点

我首先解释一下什么叫“银弹”。西方的传说中要杀死狼人必须要用“银弹”。实际上我就是想探讨一下解决未来教育的有效手段到底是什么。

很多人提到过《人类简史》这本书，我们回顾一下作者的总结：七万年之前，人类出现了认知革命，其标志是诞生了语言，从而产生一些抽象的概念，比如：社群、宗教。有了这些概念之后，整个人类才能够互相交流，能够产生文学、产生艺术。一万年之前出现了农业革命，在此之前，人们过的是游牧生活。人们如果要去寻找食物的话，就必须得去打猎、摘野果。但是人类进化到能够种植水稻，能够驯养动物的时候，人类就开始定居下来而不需要过游牧生活，所以他认为这是农业革命。

500年之前开始了所谓的科学革命，人们用科学探索整个世界，从而导致世界文明飞速发展。60年前一群数学家开了一次会，人们讨论：我们有没有可能做一些新的研究，这个研究包括有没有可能让机器具有像人的智能一样去思考？这时候他们创造了一个概念，叫人工智能。我们认为那次会议的召开标志着人工智能概念的诞生。

我简单地给“人工智能”下一个定义。人工智能是能够自动地感知这个世界，能够自动地学习知识，能够自动地去思考，就是所谓自动地去演绎，然后能够自动地判定一个事情，能够自动地做决策。人工智能就是自动化的感知、学习思考和感知的系统，我们知道这是一场革命。AlphaGo击败围棋冠军，就说明它能够自动做决策。人们下一步棋的时候，它能够对应下一步棋并且战胜你。1997年的IBM（国际商用机器公司）深蓝机器人战胜了当时的象棋大师，深蓝机器人发展到当今IBM的沃森机器人。2013年的时候IBM沃森机器人参加美国的智力问答赛并拿了冠军，这也是人工智能史上一个非常重大的事件。这意味着机器人能够理解人类的问题，并且能够找到这个问题的答案。

这是一场革命，但是革命有革命的对象。革命的对象是谁呢？就是我们自己。人工智能最大的一个革命，就是它把所谓的知识工作者等价于体力工作者。现在的自动化生产线上都是用机器人代替了体力工作者。辛辛苦苦经过大学教育，我们想成为一个大律师，我们想成为一个交易员，我们想成为一个理财师。我们会发现，等大学毕业之后，机器人都能做这些事情。我们知识工作者所做的事情，机器人也能做了，这就是革命的一个最有冲击力的地方。

我们来看一看这个革命的本质是什么。我一直在想一个问题，就是如何向大众来说明“人工智能”这个概念。我们知道人工智能有很多概念，像机器学习、算法、深度学习。实际上我理解的人工智能这场革命的本质，就是机器对于知识的处理取得了巨大的进步，这是一个计算的观点。为什么这么说呢？从科学革命开始，人们开始讨论知识。知识可以存储、传播、创造、破坏、检索、执行。机器能够把知识自动地存储下来，以AlphaGo为例。AlphaGo学习了很多棋谱，它把原先的知识做了存储，可能有几万个、几亿个棋谱。第二个是机器可以对知识进行检索。AlphaGo在与人类对弈的时候，它对知识就开始搜索：人类下一步，我应该怎么做？这就是对知识的一个理解过程。最终AlphaGo下一步棋的时候，就表示一个决策。最终理解之后，就形成一步决策，这一步决策是能够在未来占有优势地位的。

所以我认为这场革命的本质，就是对知识的处理方式取得了巨大的进步。还有两块：一个是知识的创造，一个是知识的破坏。这两块我们觉得到目前为止，人工智能可能很难取得突破。比如：AlphaGo，你只能给它一个正确的棋谱。如果你给它错误的棋谱，可能它就学错了，就会干扰它的决定。我们不知道人类为什么能够有创造知识的能力，而这正是人类能够比机器高级的地方。

为什么说知识破坏也是一个很重要的过程呢？知识破坏，我们从哲学上讲就是所谓的“证伪主义”。人类历史发展过程中，很多知识被认为是错误的。比如：人们以前认为地球是平的，后来人们发现海平面上一个视力很好的人看到远处的船过来首先是看见帆船的桅杆，人们就开始质疑地球是否为平的，这就是一个破坏性的过程。这在经济学上面就叫破坏性的创造。首先要把这个知识破坏掉，然后再提出一个新的知识。所以我认为这场革命的本质，就是机器在知识的存储、传播、执行和检索方面取得了巨大的优势。但是人类的优势，就在于破坏知识和创造知识。

因此教育的银弹就是我们要培养创造知识和破坏知识的能力。为了论证这个命题，我们先看一下“进化”，我们知道人类发展就是一个进化过程。我们从未来行业的进化、未来社会关系的进化，再来看未来知识工作者是怎么进化的。

行业进化的一个观点，是知识的执行者将由智能机器人代替人类。

未来警察均是机器人警察，因为警察最终是知识的执行者，他懂你是不是违规。这些违规的知识只要给机器人之后，它就能判定。人们刚刚谈到“自动阅读”，这里是比阅读更加进一步，就是自动撰写。比如：现在《时代周刊》很多文章都是由机器人自己写的。因为新闻报道有一定的模板，只要把这些模板组合起来给出一个新的事件，它会自动写出一个新闻报道。记者行业已经很危险了。交通工具就更不用说了，司机本身就是知识的执行者。再看医生这个行业，我们知道医生有很多微创的手术。现在微创手术都是靠智能机械在做，因此对于医生来讲，他就是一个知识的储备者。他看了很多很多的案例，学习很多医学的知识，能够去做手术。但是如果机器同样能学很多案例，它做手术，刀拿得比医生稳，速度又快还准确，为什么不让机器做呢？

下面就是智能翻译。科大讯飞公司的老总在这里待会儿会讲，这已经成为现实。整个机器的翻译就是一个知识的执行者，这个执行起来是由机器来完成的。

我们再来看一下社会关系的进化。智能机器将成为社会关系的界面。所谓的界面，就是以它为中心，然后区分人类的社会阶层。

在上面这个界面的最左边是智能机器制造者，我用了《钢铁侠》电影的一个剧照来表示。很显然制造智能机器者，未来会处于整个社会关系最高阶层。然后看最下边，我们可以看到智能机器会服务很多人，我们也会享受到，比如：有人给我端茶送水。显然很多大众都会受到机器的服务，我定义为“服务于智能机器者”。而最右边是“服务智能机器者”。什么意思？这个机器人，你可能给它转转螺丝、擦擦干净。当然，我配的这张图片是搞笑的。最上边这张照片是想说什么？可能有一波人会对科技的进步表示担忧，所以这部分人会远离这些智能机器。我们想成为哪一类人呢？是服务于智能机器者吗，还是像《黑客帝国》一样变成生物电池？

我觉得未来研究型人才是行业进化的核心，并在社会关系进化中处于优势地位。医生还是要做研究，律师还是要做研究，研究怎么去制定这个法律法规。但是最终打官司，就让机器人去判定吧。程序员也是一样，程序员最终是给机器人编程的程序员，而不是像我们现在编一些应用软件，应用软件都应该是由机器人完成的。

那么在人工智能为主导的社会，大学教育怎么做？第一个问题是培养什么样的人。我们需要培养研究型人才、设计型人才，同时我相信人文科学将强势回归。美学、艺术、人文、社会、哲学都会回归，所以我现在看的90%的书籍都是关于人文科学的。另外，信息科学这么重要，它是否会跟表达科学、沟通科学和逻辑科学的地位等同呢？这点大家可以去思考。

第二个问题是教育和就业。教育将回归本源。教育的本质是培养思考者的批判思维能力、表达能力和创造能力。我要不断地怀疑原先的知识可能是错误的。而表达能力是说我要表达出来。我经常说这么一个事情：在人类历史上很多人很有名，比如两千年前有孔子、老子。为什么他们那么有名？因为他们有著作留存下来。我相信那个年代有很多人比孔子、老子更厉害，但就是因为没有东西传承下来，所以销声匿迹了。

另外从商业的角度，我觉得传统的吃、穿、住、行等和人生活相关的行业会持续地进化，比如：旅游业、公共交通业、制造业、餐饮业。像服务业，基本上是以机器为主导的行业。所以我觉得“大力发展服务业”，就需要重新思考一下。

大学教育将成为社会关系重塑的关键。未来没有接受大学教育的年轻人怎么办？有两种办法：一种是终身学习，我们可能会在未来的一个学习中心里面去学习。还有一种可能方法是成为诗人，就是你远离智能机器，过一种平凡生活。

谢谢大家！

邹 昊

机器学习与量化金融专家

硅谷Abundy科技公司创始人

被2017年世界经济论坛评为“全球青年领袖”

深度神经网络与未来教育

非常高兴来到华东师范大学跟大家分享，我也是华东师范大学的校友，我是华东师大二附中的学生。我在普陀区住了一年半，来之前还特意去了原来二附中的老校址，看到老校址变得更生机盎然了。

我的背景是比较偏技术的，我在斯坦福大学拿了工科博士学位，之后在金融界做了五年，比较偏量化金融。为什么人工智能在最近几年非常火，而且为什么在各个领域包括教育领域改变行业发展和社会的发展？

首先我给大家一个简单的科普导航。现在大家都在说人工智能、神经网络、深度神经网络等等。人工智能在过去已经有70多年的历史了，最早的研究起源于20世纪60年代。那个时候最早的研究就开始了，我非常有幸在斯坦福大学读书的时候碰到了一个20世纪60年代做人工智能研究的鼻祖。我进斯坦福的时候他已经挺老了，在面试我的博士资格候选人考试时，他谈了他最早做的一些东西。从最早的20世纪60年代来说，那个时候人工智能是非常原始的，做的东西都是研究生物的一个神经元到底是怎么样用计算机或者是用模拟电路的方式来模拟。如今，大家也不敢相信人工智能可以走到现在，已经发生了这么多的变化。

人工智能最近一波兴起是通过大数据、通过大规模的计算能力，还有通过新的软件架构导致的一个深度学习的架构，导致的一个人工智能从量变到质变飞跃的过程。首先我们看一下，之前大家也谈到了深蓝和AlphaGo两个系统的不同。AlphaGo之前，上世纪90年代的时候IBM已经有深蓝了。那个时候人工智能非常火，但是感觉那个时候昙花一现了，这也跟互联网的泡沫破裂有关。这一次的AlphaGo其实跟之前的深蓝有非常多的架构和技术的不同。比如：深蓝的一个主要技术，就是决策树的技术。为了训练深蓝这个系统，IBM找了一大群国际象棋的专家研究象棋走棋的规则。根据和象棋大师对弈生成决策树，在这种情况下试着拟合或者达到媲美国际象棋大师的水平。这个架构做起来就导致一个问题，要更改决策树里面任何一个细节都非常复杂，而且要进行任何衍生的话，系统智力水平也基本上被你找到的专家的水平牢牢地限制住了，所以也导致了为什么深蓝刚刚打败国际象棋大师的时候，大师说："我发挥不好，还要重新再战几场。"那个时候IBM马上就说："我这个机器终身退役了，再也不比赛了。"他们怕国际象棋大师又重新把它打败。现在AlphaGo超越了围棋大师，它学习更多的是通过一个固定的规则，然后通过反复地跟自己训练来探索最优的一个，就是他们所说的策略网络。还有一个价值网络，最优的一个形势的判断和走棋的规则。它训练的时候是六段，但是实际上训练出来的结果是九段。这个时候已经没有人教它，而是它通过自己的归纳、演绎学出了一个系统。这个相对于深蓝的时候，是一个整体的架构不同和新的时代变化。

所以总的来说，新的深度神经网络和人脑也类似。为什么这个架构到最近这么火呢？一部分是因为数据特别多。另一部分，也是因为我们的计算能力和算法有了大大的提升。以前我们训练神经网络的时候，计算机里面训练三四层可能已经达到极限了。但是现在随着我们的GPU（图形处理器），随着我们的并行计算系统的提升，现在最新网络可以达到上百层甚至几百层。通过大量数据库的建立，它可以看到百万张或者更多万张图片，可以自动像人脑一样调整整个神经网络里面的参数，同时达到在不同层的阶段形成一个相当于自我的初步认知。当然，这也是比较初级的一个阶段，在人工智能的一个初级的阶段。但是后面的一些发展，包括我现在所做的一些研究，在未来会发展得越来越快。它的进化速度会越来越快地超越人类。这也是现在大家所担心的一个“奇点临近”或者是到计算机超越人脑的时候，人到底该干什么的问题。

在教育领域，还有在人工智能研究的领域来说，我们还是在讨论它的智力，就是它的认知计算的能力。其实对于一个计算机来说，或者是对于一个计算机在今后的发展来说，认知计算能力，我觉得今后几年可能就会解决的。比如在一些专家系统，在一些小范围的计算能力里面。但更多的，另外一个研究的前沿，是怎么样把情感赋予到我们的人工智能系统里面去。这个也不是完全不可能。之前我做过一些金融市场的研究，在金融市场的时候，有的时候会出现大范围的大众恐慌或者是追涨杀跌的情况。其实那种情况你要模拟它的时候，你即使做一个人工智能系统或者是计算机系统，你也得把情感加进去。像市场情感或者是机器判知的一个总体的情感，这个研究其实在很多的国外大型机构，他们已经做了很多年了。但是进一步做下去，可能要做到机器怎么样跟人交流。比如：一个机器人跟小孩子或者是初中生、高中生对话的时候，要了解他们的情感、了解他们的需求，这些其实也是可以学习的，而不是不能学习的。所以，计算技术的下一步发展，可能是情感技术，就是人工情感加入到我们未来的学习系统里面去，使其能够跟学生们，跟我们要服务的对象对话。

到目前为止，人工智能的研究，到2012年这一波的深度学习所做的研究，其实它的主要支撑就像鲁白老师所说的，就是大数据，还有就是高性能计算。但是这其实也算是比较初级的人工智能，因为让计算机去看一只猫、看一条狗，或者看一朵花，让它看一百万遍、一千万遍，或者下上亿盘的围棋，其实这个相对来说，数据的利用率不是特别高。作为一个人，你可以想一想我们从小时候学步，包括到认知，识别哪个是猫、哪个是狗、哪个是花，不需要看一百万遍。现在的计算机需要看一百万遍，因为它的认知水平还没有达到人类的水平。

怎么样把样本的数据量给降下来？现在做的人工智能需要大数据的支撑，到下一阶段人工智能的技术可能不需要大数据的支撑了。以前你要让计算机了解一个事物，要给它看至少几十万遍。以后你只给它看一遍，告诉它这个是什么，然后通过算法让它归纳衍生，弄清楚到底这只猫和我之前看到过的各种动物有什么样的区别，到下一次再看它就能直接判断出了。就是说看过一张图片以后，下一次它就不需要再看图片，自己就能从不同的物体中把猫狗区分出来。衍生出来的一个技术是，图片也不用给它看了，比如它已经知道到底什么是狗、什么是花，在这个基础上，告诉它猫的几个描述性的特征，然后它不看猫的图像，可以在没有之前经验的情况下把猫识别出来。这是一个已经在研究的，而且有不少突破性的方向。以后人工智能不需要大数据支撑，而且学习和归纳能力可能跟人也非常类似。比如人家写了一本《魔戒》的书，里面并没有写霍比特人长什么样子，但是我们的艺术家归纳演绎把这些东西弄出来了。以后有可能计算机也能完成这样大部分的工作。到目前为止，计算机做的都是重复性的工作，但是到了未来几十年，创造性的工作也是完全有可能做的。

还有另外一个我想谈一谈的，就是人工智能和人类的进化。现在的人工智能技术虽然还比较初级，但是已经非常非常像人脑了。

深度学习三巨头做过一个归纳。人的神经元的数量是10的11次方。而20世纪50年代的时候做的人工智能和80年代做的人工智能的神经元可能就是一或者是几十。到现在人工智能神经元的数量，基本上每过一两年就翻2~3倍，呈指数型的增长。按照这个速度，到了本世纪50年代——甚至有可能加速，人工智能能帮你研究的时候，可能不用等到本世纪50年代——按照现在的速度，本世纪50年代人工智能的神经元的数量就可能达到和超越人了，所以到那个时候很多工作，有可能是创造性的工作，机器人也能够做得了了。

我想到一个未来二三十年的研究方向。人刚出生的时候，他的大脑其实也是处于比较无序的状态，需要不断学习。假如你有一个跟人脑一样复杂、一样的计算能力的人工智能神经系统，你可以把它装上感知，比如装上视觉、听觉、触觉，然后放到一个学习环境中，让家人带着它学习看电视，看个十年说不定它也会产生人类的情感。到那个时候我们到底怎么定义人和怎么定义机器人？我们可能真的需要在座的教育学家、在座的法律学家跟我们一起深入地进行探讨。按照现在的速度发展，这是一定会来到的。

人工智能在未来，可能也有一个终身教育的问题。我最近在北京做“一带一路”论坛，刚好前几天也和“世界经济论坛”的施主席谈论了一下相关问题。现在医疗技术这么发达，人的寿命这么长。在座的同学们，你们是年轻一代，你们会赶上人的平均寿命超过100岁的时候，我觉得这是非常有可能的。我们以前的教育模式是把所有的学习都放在人的前半生，比如花个22年学成了，然后马上工作，或者是花个30年，读完了博士马上进行工作。以后你的寿命越来越长，医疗技术导致你能够工作和劳动的年龄也越来越长。以前五六十岁大家身体可能就非常差了，现在五六十岁可能跟以前三四十岁人的身体状况差不多。未来可能到了八九十岁大家的身体状况跟现在五六十岁差不多。再过60年，到那个时候，大家可能就是说怎么样规划你的人生教育，怎么样学习，怎么样不断地在被技术颠覆的各个行业中，找到作为人类的特殊的优势，和作为人类的特殊存在的自我目标。我觉得这也是一个非常非常值得大家探索，也值得我们向更多的专家请教的话题。

这就是我的演讲。谢谢大家！

主持人：石岚（中国教育三十人论坛执行秘书长）

对话嘉宾：邹昊、蒲戈光、米奇・罗森堡、褚君浩

嘉宾对话与观众互动

石岚：

未来机器人对我们最大的影响是什么？这个问题问一下褚院长。

褚君浩：

将来在工厂、家庭、社区，我们会看到好多机器人在那里工作，这是最大的影响。现在世界上有很多机器人产业，也有很多比较低端的产业。现在大家担心机器人是不是将来会取代人类。我觉得总的来说，是不能取代人类的，但是在某些具体的方面，也许功能比人类更强。

石岚：

刚才蒲戈光用了一个“智能机器将成为社会关系的界面”，翻译得通俗一点，说人话，就是你跟机器人的关系将决定你的社会阶层。所以我想就这个话题再问您一句，您觉得人工智能将促进阶层的固化，还是促进阶层的流动？为什么？

蒲戈光：

好，我现在说人话。我觉得未来机器一定是加速社会的分裂，让阶层的距离更远，就好像在《1984》小说里面写到的，一个老大哥就能够监控到社会，能够听到你说的话、看到你做的事情。人工智能如果发展不当的话，就完全有可能成为这种社会，出现一个真实的老大哥，他甚至能够探听你的想法。

实际上我没有讲一个更加恐怖的未来。我们知道有互联网，我们也知道有车联网。但是实际上未来有可能是人的大脑可以互联。现在脸书在做一个研究，他们觉得人的语言传播信息的速度太慢了，他们希望不要说话，脑袋想一个事情，对方就能够接收到。这个传播速度的信息效率可能会快4~5倍，一旦成为这样的话，人类可能就会进化。比如：人的语言能力会丧失。所以大家可以想象，为什么我们想象的外星人这么难看？原因就是因为它没有语言，最后视觉也消失了，不需要眼睛，因为有机器可以看得更清楚。我为什么要见可见光呢？我什么都能够看见，我为什么要眼睛呢？所以我们需要人工科学的回归，就是要看怎么去做智能社会的自己，这是一个很宏大的命题。所以我现在还不能判定，到底未来社会是怎么样。但是有一点是可以肯定的，社会阶层的差异化会更大。

石岚：

好，谢谢戈光。我发现你的掌声特别多，是不是因为你跟外星人长得差距比较大?

石岚:

中国的教育常常结果不错，比如学生的数学成绩在国际上排名靠前。但代价是学生学习时间过长，丧失学习兴趣和创造力，不擅长团队合作。请问罗森堡先生，您能为改善这种状况提些建议吗?

米奇・罗森堡:

世界变化得非常大，就像演讲嘉宾多次提到的。我们的教育制度和教育方式确实需要改变，特别是在孩子早期阶段，需要让他们进行STEM的学习。要培养他们的兴趣，让他们觉得学习不是一件非常恐怖的事情，这是一个国际化的挑战。

石岚:

最后我们问一下邹昊。您提出了一个对人类来说比较重要的话题，是我们的终身学习，包括我们的寿命：大家怎么长生不老，怎么在100岁之后还能继续有第二个、第三个人生。我想问，您自己是一个全球杰出青年，您对这个问题的答案是什么?您怎么样保持一个终身学习的态度?您怎么样在您100岁的时候，还能站在世界科技的巅峰?

邹昊：

前几次工业革命，尤其是第一次工业革命把体力劳动者解放了出来。后面几次，其实是逐步解放智力劳动，把脑力劳动者也解放出来。

记得我小时候还拿着算盘，学了很久珠算，然后就再也没有用到了。现在很多的教育，或者大家花了很大力气学的东西，可能以后真的不是特别重要。比如像人工智能的发展。我们现在计算机行业特别热，薪酬也特别高。但是发展到未来以后，可能就不需要几万人或者十几万人做研究，只需要几个特别厉害或者是十几个、二十几个特别厉害的人用计算机协助一起研究就行了。这样的话，一方面是体力劳动者解放出来了，另一方面脑力劳动也不需要整个人口的50%或者是更多的人做。这样给了大家更多的机会，去探索人生、享受人生，同时给了社会更多的艺术文化，给了诗人一个舞台。

我前几天还在读海子的诗，我觉得海子是一个悲剧。可能社会发展到那个程度，对诗人的容纳程度不是那么大。但是到体力、智力都解放出来之后，这个时候人们就更注重内心的修养等等了。到了100岁以后，大家都写写书法或者是写几首诗。我觉得这个状态，是社会高度文明发展的状态，我希望以后机器的发展和人类的共存能够带来这个状态的存在。

石岚：

我发现在人工智能的论坛上，“诗人”和“诗词”是一个高频词，非常有意思。

现场观众:

感谢各位嘉宾老师刚才的分享。我有一个问题，李开复谈到人工智能的时候，举了一个例子是无人车。现在它发展的瓶颈，就是出了事故以后责任由谁来负？虽然事故率已经远远低于人作为司机。我想问的是，人工智能和教育的结合，发展的瓶颈在哪里？因为如果教育出问题，影响的可能是整个民族和国家。我想请各位老师从产业界、科技界的角度来说一下，如何看待人工智能与教育发展的瓶颈。

邹昊:

现在教育第一步，就是人工智能能够把重复性的劳动解放出来。做教育的可能发觉一个班四五十人的时候，70%的时间是花在改作业、批作业和重复性的教育管理上，首先这部分解放出来。第二部分要做的是，尝试着更多地让人工智能代替、辅助教师进一步地进行对学生的心理辅导和发展的辅导、个性化的辅导。我觉得这可能需要相当长的时间，比如未来10年、20年，至少是几十年。

教师的工作是完全不可被替代的，而且它的工作只会更高端化。以前他是批作业和改作业的机器，以后要变成真正让孩子们能够信任的对象。工作的内容变化了，但是工作的崇高程度，我觉得会更高。所以我的想法就是教育、技术没法取代教师，而且至少在我有生之年会一直辅助着教师对孩子们的培养。

石岚：

他的问题好像是问瓶颈在哪儿。

邹昊：

人工智能教育的瓶颈，第一个瓶颈其实快解决了，就是重复劳动的自动化。现在是个瓶颈，但是我相信现在70%的老师们花的时间以后都不用花了，还可以相对轻松一点。第二个瓶颈，就是说对于小孩的情感识别、对小孩的个性化辅导。现在人工智能对情感的判估没有人准确。以后一个老师带几十个学生，机器会自动判读这个小孩成绩不好，可能是因为你跟他交流过少或者是他家里面有什么问题。把这个瓶颈解决了，我觉得人工智能对教育的发展效率会大大地提升。

鲁白：

我觉得这个瓶颈就是“小数据”。教育跟医疗这两个行业人工智能不太容易进去，主要是因为医疗是有大数据，但是大数据被一些医院霸占着不共享，而且质量也不高，教育就没有大数据。我觉得这是一个瓶颈。有了大数据以后，人工智能在各个方面都可以应用进去。

现场观众：

由于工作关系，我本人的专业是关注“面向未来发展的不确定性”。目前正在关注基础教育的创新。我的问题是：像朱永新先生今天介绍的这样一种分布式的学习中心，应该是趋势，希望四位专家都可以用最简单的语言描述一下，在未来的三五年内是不是可以出现这一类跨界的、跨国界的、跨民族的、跨文化的学习场景。

褚君浩：

我觉得主要是技术水平要提高。现在真正的人工智能或者智慧教育的水平如何？效果如何？如果水平提高了，效果很明显了，它就会很快地发展起来。刚才鲁白教授说的，这个“小数据”还没有形成。我们现在处在初级阶段，最多是有一些信息化，简单地到网上查一查，这个都还是信息化，不是智能化，也不是人工智能。

我想随着技术水平的提高，人工智能会很快推广开来。

蒲戈光：

我觉得3~5年之内，应该不会有巨大的突破，因为我们对学习本身的研究没有突破。为什么我们人类会学知识学得那么好？为什么有些人学得很快，有些人学得很慢？为什么我们会灵感一现，创造知识？这个问题没有研究透。如果人脑研究没有突破的话，我觉得未来教育的辅助手段可能不一定会有很大的突破。

邹昊：

我非常同意两位的看法。把时间留给下一位！

现场观众：

根据几位老师刚刚提到的，还有之前老师所说的，我想提出一个质疑。刚才蒲院长说以后我们的写作可能会被机器代替，但是有没有想过一个问题，当写作被机器代替以后，所有的模板都变成一样的东西。经过一段时期以后，人类之所以成为人类最基本的语言已经开始被机器塑造了。而人类的语言被塑造了以后，直接影响到的是思维。思维方式已经被塑造的时候，人类的发展又在哪里？

石岚：

我能强烈感觉到她的焦虑和愤怒。

蒲戈光：

我刚刚说的“写作”是功利性的写作。写作的意义在于什么？享受美的生活。我要写作，我要把一个美的想法表达出来。有些可能是要把我的知识体系表达出来。但是像我刚才说的新闻报道完全是商业上的写作，是为了追求快，追求速度，这是两种不同的写作类型。人类的写作一定会继续生存下去，人文科学要强势回归，写作是一个表达方法。所以不用担心。

石岚：

华尔街等很多地方已经被商业写作取代了。但是作为诗人的存在和诗意的写作，还是会一直存续下去。

现场观众：

邹老师说到情感以后完全可以编程到机器人的思考当中。我就想到一个问题，现在大家都会吐槽说：我们看到街边有个小狗受伤了，我们对它可能会比对一个人更加同情。以后当机器具有了情感，它陪伴着很小很小的孩子，开始成为他们的玩伴。人类对机器的情感，可能就存在我们无法想象的，甚至超过既有的道德和伦理层面的关系。而这些讨论现在都是没有的。所以我的质疑就是，我们的伦理、道德之类的讨论还没有到达这个层次的时候，我们的发展是不是太快了？

石岚：

她的问题，我帮她总结一下吧。她的问题就是，在我们的伦理和很多人性的讨论还没有到达那个程度的时候，可能技术发展的速度已经跑得更快了。面对这种情况，我们应该怎么办？还有她提到了，如果孩子们是由机器人陪伴长大的……

褚君浩：

这是一个研究方向，到一定的时候这个问题就有价值了。现在我们还是要想办法如何把情感做到机器里面去，现在还处在这个阶段。这个问题可以以后再回答。

现场观众：

我们在做一个叫“2020未来课堂”的暑期项目。我们有几个方向是跟今天的讨论非常契合的。如果从人工智能的角度对于未来课堂进行评估，是不是现在有一些办法？

石岚：

人工智能可以评估未来课堂吗？

褚君浩：

严格说来应该能够做到，这就是智慧分析，将来我想应该要做这样的模型。

人工智能与学习革命

吴晓如

科大讯飞副总裁

中国科学技术大学电子工程博士

高级工程师

人人都应该有AI教学助手

尊敬的各位老师、各位同学：

大家下午好。今天非常高兴来到华东师大，就人工智能和教育的应用和大家做一个分享。科大讯飞是从中国科学技术大学走出去的技术型企业，今天受到华东师大邀请，我们也感到非常荣幸。上午各位专家描述了未来教育时代人工智能怎么应用这样一个非常美好的前景，科大讯飞作为一家技术型企业，我们就是要看怎么能够实现专家讲的这些路线图。实际上在这种环境下去讲解是比较困难的，因为做不好，就是我们企业的责任。

所以我将我的演讲标题做了一个修改，叫“人人都应该有一个人工智能教学助手”。人工智能完全替代老师是不可能的，在当前环境下应该更多地考虑在人工智能背景下师生怎么更好地教、怎么更好地去学。今天朱永新主席在前面讲到，说《智能时代》这本书谈到了人工智能在很多领域的应用，唯独没有谈到教育。我希望今天通过我介绍中的四个部分 Why（为什么）、What（是什么）、How（怎么做）、When（何时做），让大家了解人工智能和教育的关系。

为什么教育需要人工智能？

实际上教育信息化已经进入到一个新的阶段。如果大家对中国K12（幼儿园到高中）领域的教育信息化应用了解的话，会发现中国的教育信息化正在从硬件走向软件，正在大规模地把各方面的投资放在应用上。大家都在考虑怎么把教育实践活动和IT技术更多地融合起来，让它实实在在地产生价值。所以说，中国的教育信息化其实已经进入到了关键的阶段。过去信息化在教育中的应用，是起一种“支持性”的作用。人工智能、互联网、大数据出现以后，信息化不只是一种简单的支撑，不应该只是老师到了一个课堂上讲解幻灯片那么简单。我们要考虑，信息化怎么起到支撑和引领的作用。

为什么现在还没有引领，更多的只是支撑？我们觉得有三个方面的原因：

应用没有深入体制内教与学的真实场景。老师怎么更有效率地教，学生怎么更有效率地学，我们的技术还没有提供很好的手段。

课堂和作业等传统教学模式存在巨大惯性，这个传统教学模式的巨大惯性我们怎么克服？

没有形成教与学、教与管的实质性互动。这是我们要考虑的，如果一个新的技术不能有效地解决这个行业的刚需问题，那它在这个行业就不能形成规模化的应用。

所以关键的关键，就是有没有核心技术，能不能突破，使得我们刚需性场景下的应用成为可能。

现在讲一下我的第一个观点，教育信息化为什么没有在教育行业形成大规模深入的应用，也就是没有形成一个智能的闭环？

我们经常讲，互联网连接一切。但是连接的作用是产生信息的，我们在教育的各种场景的连接过程中，产生了大量的信息。老师本身就是很辛苦的职业，老师没有那么多的时间和能力处理那么多的数据。所以实际上虽然连接了，但是不能形成闭环。所以必须需要一种新型的技术手段，使我们的教和学、教和管之间不仅形成数据的连接流动，而且形成一种处理上互动的流动。

第二，破解大班制教学的个体关注缺失问题。

我和很多的校长、老师都沟通过。他们大部分跟我讲，一个班级少则四五十个学生，多则五六十个甚至更多。老师只能了解前几名和后几名学生，对大部分学生的学业情况是不了解的。怎么让老师对学生个体更好地、更精确地及时评价？这就需要老师有更多双眼睛和耳朵关注更多的学生。这个我们想是人工智能必须要去破解的问题。

第三，数据驱动的教学治理。

现在大部分校长的学校管理和老师开展的教学活动更多的是凭经验，

能不能把这种完全凭经验的形式变成“经验+数据”，这就需要我们的教学过程中必须要有数据，而且这些数据是可分析的。

第四，采集和挖掘教育大数据宝藏。

数据到人工智能时代是不可多得的资产。千万不要想，拿了一个很好的算法，明天数据就有了。这是不可能的。必须要有一种新型的技术手段，使得我们更容易从实际的教和学的行为中采集、挖掘教育大数据的宝藏。上午我和很多专家也探讨过，就是怎么去得到教育的数据？教育的大数据只有从个体实际的教学行为中，才能把它提炼出来，才能把它记录下来，对我们以后的教学行为产生指导。有些人跟我们讲，已经把课堂录下来了，已经把试卷扫描下来了。但是这只能讲我们实现了教学过程中信息的数字化，我们并没有形成可处理、可分析的数据化。所以我们需要人工智能，把我们过去规模化的一些数字化的信息，转换成为数据化的信息。

整个人工智能时代，人工智能需要大数据和云计算共同助力教育信息化。互联网当然要注重各种场景的连接，云计算要提供各种资源、各种数据服务的能力，人工智能在中间要起到穿针引线的作用，要对我们的教学环境形成一些辅助或者决策性的分析。

人工智能到底是什么?

大家可以看到华东师大的影响非常大，提前就上《新闻联播》了。实际上这个就是人工智能的一个典型应用，只要有一个人半小时的语音就可以训练出来他的模型。人工智能有三个层次：第一个层次，计算智能就不说了。第二个，这几年人工智能正在大规模突破的，就是感知智能。计算机就像人的眼睛和耳朵一样，可以感知周围的世界，我们可以让计算机听得比我们听得更加准确、看得比我们更加清楚。这个技术现在已经到了大规模可用阶段了。第三个层次，认知智能。我听到了周围的世界，我看到了周围的世界。到底它看的和听的是什么意思？这是现在人工智能最需要突破的，这就是认知智能。这三个层次无论是感知还是认知，在教育里面都有非常非常重要的应用场景。

第一个是语音识别。我今天看速记小哥在非常辛苦地敲键盘，实际上我们有一个技术叫“听见”没有拿到现场。现场我的讲话、朱老师的讲话，都可以实时地转成文字，一定比他从单个文字上记录得更加准确。我们去年在谷歌高噪背景下的多人说话识别，是全球所有的指标中最好的。

第二个就是语音合成，它不仅仅可以合成中文，还可以合成英文。现在很多老师在课堂里面要合成听力试题的时候不敢自己讲，因为大部分老师没有我们合成的语音标准、流畅。这可以看到计算机怎么去替代人的嘴巴。

我们再看一下，在教育里面有一个关键应用，是认知智能里面初步的应用，就是智能阅卷。很多在座的同学可能考过英语四、六级，四、六级作文的试卷已经可以用机器阅了。现场有500~1000篇范文，大概80%的文章机器可以自动评阅。20%非模式化的文章，机器可以挑出来再交给人工。这样可以把老师大量重复模式化的时间节约出来，所以现在越来越多的学校已经在用了。

再看一下机器翻译。机器翻译我今天已经送给华东师大一个了，以后出国的时候，如果英语达不到六级优秀水平，我觉得就不用学了，不如用机器翻译帮你解决各种问题。

知识推理是大家今天谈得比较多的，我就不具体举例了。机器实际上从现在自然语言的文章里面，已经能够把其中很多关键的信息提取出来，帮助我们阅读时更好地去掌握里面的一些关键知识点。我们在NIST（美国国家标准与技术研究院）的比赛里面也取得了很好的成绩，去年中美人工智能竞赛专门把科大讯飞相关技术做了介绍，这里面所有取得的进展，关键技术就是强化学习的技术。

人工智能到底怎么助力我们的教育?

我们一定要了解老师一定不是信息化的专家，所以一定要让信息化使用的门槛非常低。比如：依托很好的信息化技术，让老师在课堂上迅速地实现和学生的互动，可以把最好的资源调取出来，通过多屏互动展现在屏幕上。要使得技术使用的门槛比老师从粉笔盒拿一支粉笔更加简单，这样老师才愿意用，这样才可能产生连接、产生数据。

虽然我们讲未来要把课堂交给学生，但是不要忘了，当前课堂和学校的组织者是老师，所以一定要让老师愿意用。老师为什么愿意用？要降低工作强度。老师大量批阅作业的工作，大量在课堂检查学生测试知识点完成情况的工作，应该用机器完成。这就是刚才讲的很多主观阅卷技术应用的场景。老师要是发自内心地愿意去用，才能使这个技术真正地在我们的教学环境中运转起来。大量的应用过程中就会产生数据，我们想不仅仅是电子化的数据要采集起来，还包括各种过程化的作业、考试、口语等信息。我们要让学校以后越来越多地添置一些基础的数据采集设备。我们不能为了创造数据而创造数据，我们把过程化的一些作业和考试数据化，成为以后可以指导教和学的过程的行为。

对于资源也一样。在教和学的过程中产生数据是非常重要的，我们要产生足够多的数据，让老师非常便捷地拿到这些数据，使得数据的应用和产生融通起来。优秀的东西是怎么产生的？不是某一个人选择出来就是优秀的东西。一定是给老师、学生足够的选择权，在选择里面产生大量的优秀东西。整个人工智能技术能够使得我们在数据资源的产生和使用过程中，形成一个良性的互动，帮助学校、帮助区域去做一些安全的监管。

除了刚才介绍的几个之外，还有一些课堂凭现有的传统模式是很难组织起来的。比如：北上广深的很多地方都已经有了一些智能口语测试。人工的测试是非常困难的，口语的训练，老师想指导班上50个学生也很困难。通过人工智能技术就可以了，每一个学生周围都好像有一个虚拟的教学助手，口语的教学助手可以更好地帮助学生去学习。

我们现在提供了很多人工智能和大数据的教学辅助助手以后，老师能做什么创新？这些东西目前都是一些智能化的工具，最后创新的主体还是教学。现在北师大二附中，学生把作业做完以后，老师就拿到统一的报告，报告里面就讲一些知识的群体性黑洞。一般个例问题就不说了。另外老师课中会给学生发个性化问题。原来可能一个班一堂课做十道题目，现在大部分的学生做的都是不一样的，课后学生可以继续得到一些优质的资源，这就实现连接教和学的精准讲解，然后整个以学定教，可以大幅度地提高课堂效率。

对于教学管理者来说，可以得到一个教学的仪表盘。我是校长的话，原来是凭经验，现在各种数据过来，老师有没有用教育信息化？用得怎么样？产生多少数据？老师有哪些资源被别人引用？通过一个简单的仪表盘就能看到，这就把教和学的行为、教学和管理的行为很好地连接在一起了。

教育的人工智能什么时候能实现?

当然这是一个长期的过程，但是我们要看到这个过程已经开始了。现在有很多学校在实际的教学环境中用到的有些产品，里面已经具备了部分智能化的程度。随着数据越来越多，我们整个学校的智慧系统会越来越强大。同时我们看到政策的支持，教育部正式提出来，下一步教育信息化的重点是信息化和教育技术的深度融合，是应用的驱动。所以不再像以前仅仅是学校买计算机设备，大家都在切切实实地推动技术和教学实践深度的融合。同时，现在已有很多刚需性的应用。刚才讲的作业评测、上课老师的讲解等很多的刚需，使得这些应用让老师愿意去用，用的过程中产生数据，数据指导老师有针对性地教，指导学生个性化地学。同时人工智能可以在数字驱动下帮助学校和区域实现数据治理。

所以我想，人工智能最大的一个愿景，就是希望通过数据引导，让学校实现因材施教。我的介绍就到这里，谢谢大家!

伏彩瑞

沪江网创始人

知名青年企业家

互联网教育未来十年是人工智能+人的智能

很高兴再次来到华东师范大学。我刚才想了一下，我上一次来华东师大应该是15年前。是在我考研究生之前，琢磨着华东师大有一个心理学系特别有名。我现在回想起来，那个时候互联网不发达，更没有人相信在互联网上能做教育。

我们今天的主题是谈“人工智能+教育”。我发现今年人工智能实在是太热了，我们不是搞技术的，我也不懂开发。今天鲁白老师一定要我来参加，大概是发现我是一个真正的教育变革的实践者。上大三的时候，我就在用纯粹的互联网做教育，不要课堂，不要大学的实体空间。实践了这么多年，从第一天开始，别的没有，就有数据。而且刚开始大家认为数据不重要，人在眼前才重要。今天越来越多的人发现，我看不看到你不重要，重要的是你有没有行为在我这里。

所以，说“智能教育”这个事儿是否靠谱，首先谈的就是“人工智能是否靠谱”。每一年都有很多新的东西出来，社会有需要嘛。人工智能是不是只是因为一种热点而出现的呢？

其实这不是一个新东西，五六十年前就已经有了。那个时候跟现在最大的不同，在我来看，当时是科学家驱动。科学家很热情，在互联网还没有发明的时代，就靠CPU计算，都想把机器训练成人。但是后来当大家捐献的资金烧完了之后，实际上没有任何民间真实的需求呼唤它存在或者重生，所以它就没有了。

50多年之后它重新出来了，我们想一想发生了什么变化？经过20多年商用互联网的发展，从1.0到2.0，经过PC互联网、移动互联网，经过大数据、云计算，大家终于发现原来在做的事情是个人工智能啊。对此，我的态度是：我觉得这一次是靠谱的，这一次不只是商业上做产品的需求，可能更多的是来自于这个社会方方面面的需求。

所以在这里，我对它有几个基本的观点。比如：很多人在谈“人工智能来了是不是就碾压一切，人就没有用了？”，我觉得这是不可能的事情。因为“人”才是规则的制造者或者破坏者，没有机器能够超过人。而且没有场景的人工智能是没有意义的，你无法想象创造一个长得跟你一样、想得跟你一样的人工智能。场景应用当中，教育很可能就是最实际的场景。前一段时间我们在英国牛津大学做研究的时候，大家在很多层面上有一些数据。比如：有一个报告显示“人类的各个行业当中，最容易被人工智能刷掉的行业排名”。其中大家一致的观点是，教育有18%~25%的风险是要被替代掉的。我觉得至少是这个样子的。但是怎么替代？这是一个要考虑的事情。

如果人工智能放在具体的场景当中，每一个行业都完全不一样。这里我们谈第二个问题，就是智能教育到底有什么用？这也是我最关心的，它到底能解决什么实际问题？就以我们中国为例。谈到教育的根本问题，现在碰到的根本问题到底是什么？在我来看，根本的问题实际上是教育资源的稀缺和不平衡问题。有人说："我们很容易理解，在乡村、偏远的地区非常缺资源。"沪江也有一个沪江公益计划，现在已经解决了几千所学校、几十万名学生的问题。但是在我来看，不光是乡下，城市的教育资源也很稀缺和不平衡。我想在座的各位，除了学生，很多人都有小孩吧。有没有碰到幼升小的问题，小升初的问题，初升高的问题？前一段时间上海刚刚幼升小，又有一大堆的问题冒出来。上海已经是咱们国家最牛的城市之一，北上广深自改革开放以来已经发展了小40年了，怎么还缺教育资源呢？究其根本原因，我的看法是：聪明人在教育行业待不住。

我们在华东师大这所知名的师范学校来探讨这个问题，我们看一看，是不是参加高考的学生第一志愿都选师范？师范院校里面很多优秀人才毕业之后是不是乖乖地到教师岗位任职？任职了以后，是不是就一直干下去？马云不也是老师吗？阿里巴巴把马云给耽误了，要不然他可能是最优秀的老师。我觉得我们应该客观冷静地看待这个问题。

据我所知，聪明人有个特点，就是不喜欢重复，他不愿意去干重复的事儿，他喜欢探索。我不是说现在从事教育的人不聪明，我指的是教师岗位的天生责任就要求你不停地重复，尤其是在过去，上课之前你要去改作业，上课之后要布置作业，定期要测来测去、考来考去，又搞不清楚教研和教学之间的关系。人工智能在教学方面，远的我不知道，我认为它在解决那些替代掉老师和学生之间重复枯燥的事情方面，作用太大了，而且它能够真正地做到个性化教育。

说到这里，我想起今年春节之后，我们面向市场推出的第一个智能教育产品，是面向大学英语四级考生推出的一个智能课程。这个课程是怎样的玩法？原价1180元，但是今年推出的价格是29元人民币。大家觉得不可思议，只有一本书的价格。结果一天的销售量赶上了2016年全年的总额，单款成品毛利75%以上，今年保守估计这样的产品给我们带来直接的收入是4500万~5000万元人民币。我们自己都吓了一大跳。为什么？学生用这个东西，没有觉得花了29块钱买了一本低廉的资料书。他们每一个人看到的内容都是不一样的。我们怎么做到的呢？怎么把价格压下来？很简单，我把在这个产品当中所有的老师全部都拿掉了，没有一个老师——没有授课老师，没有辅导老师，所有的内容都是我们这十几年积累下来的；我们所有积累下来的内容、课件，每一个课件的每一页，每一页课件的每一个知识点，每一个知识点对应的每一个题目，每一个题目对应的每一个选项都有标签记录。

沪江用户比较多，我们有将近1.5亿的纯在线学习用户。这些用户踏入我们平台后的每一个学习行为——背景怎么样，学过哪些东西，现在想学哪些东西，是否勤奋，一周访问几次或者一天访问几次，等等，所有这些结果和前面的标签动态匹配。你今天学的勤奋程度，决定了你明天看到的不同内容。那些你会的东西，在你面前不会再出现，你不会的就一直提醒你。等到你进入考场那一天，机器会很清楚地告诉你："你大概还有20个点根本就不懂，你祈祷这20个点在考试中不要出现吧。"所以机器是非常冷静的，有些时候可以帮人省掉大量的时间，而且大量的老师在网上，在人工智能教育的时代，他们会觉得教学是非常有趣的创造性行为。我们一直倡导，以后老师应该过更加有尊严但是很有节制的生活。比如：年收入不要超过200万元。200万元足够生活，可以让你非常体面，让你的脑子动起来。不要把脑子用在记忆重复的事情上；把机器能干的事情全部让给机器干，人去做那些真正有创造性的事情。

今天专家太多，讲太多就暴露了，我就不说了。

“智能教育”会给我们这个产业带来哪些变化？我觉得这可能是天翻地覆的。十几年前中国没有电商，世界电商也刚刚发展，那个时候真是举步维艰。可是十几年下来，何止是电商发展了，在线支付极其成熟又疯狂地发展起来，中国的物流行业一跃成为世界上最先进的。外媒评价中国新四大发明有支付宝、共享单车，虽然有调侃之嫌，但是很有趣。前一段时间一个视频在网上传播，中国分解物流的小机器人效率很高，能做很多事情。说句实话，这个技术真不难做到。但是为什么在中国出现这种情况呢？因为我们的市场大，频度高。全世界没有任何一个国家比我们中国人面对的教育规模更大、更复杂，我们拥有最大的人口数量，以及把教育当成生命线的这么一种家庭理念。所以只有可能在这里取得一个巨大的发展。

别小看人工智能在教育方面的应用，我觉得有很多的基本功要解决。比如：现在人工智能去识别图片、识别人的表情，就比识别语意进展快得多。放在学习场景当中又有很多的挑战，其实也是给大量的企业创业，大量的学术工作者进行研究，产、学、研合作的机会。也就是说，它会带来大量的“人工智能+教育”的基础设施的发展和变革。但是一直到最后，它也不如人聪明。所以我提出一个观点，未来十年的发展，一定是“人工智能+人的智能”。大家听明白我的意思了吧？“人工智能+人的智能”。如果一个老师说他最大的兴趣就是做那些重复的工作，在人工智能时代，他将无处可逃，肯定被替代掉。这个学校不能够容忍你，那个学校也不要你。最后效率优先，导致你做的什么都没用。剩下的是什么？真真正正做到那些机器做不到的，培养孩子的素质、情商和对于未来的希望。

人是最不可靠、最不值得依赖的，人创造的规则在一定条件之下可以变得很可靠，而人本身不可靠。教育应该将一些正确的东西标准化，让更多的人可以享受一样的资源和一样的受教育权利。我们的老师是有限的，我们创造好老师的速度完全赶不上生孩子的速度。对不对？所以我们用这种新的方式，让我们放开“二胎”或者将来不再限制计划生育而生的小孩子们，从一开始就拥有平等受教育的权利。这一点，说不定是我们今天在华东师大论坛上取得的最有意义的成果。

谢谢大家，我讲完了！

关　新

宽资本创始人

奇点大学投资人

科技将来会颠覆我们所有的思想与传统

大家下午好！

在我个人看来，我是没有资格讲教育的。但是今天既然让我到这儿来谈一谈未来AI与教育的关系，那我就讲一讲。我们做投资的，总是对未来是什么样子充满好奇。前两天李开复博士在外滩3号“三言舍”讲了人工智能，我受益匪浅。他刚刚出版的《人工智能》一书，大家可以看看。我有很多的东西是从他那儿学到的，如果我讲得好的地方，都是跟他学的，讲得不好的地方，都是我自己的。

在美国上大学的时候，我觉得我修的专业就与人工智能有关系，我学的是商业信息和电子计算机。上世纪80年代初的时候，学校第一次把两个不搭界的学科放在一起，我就报名了。现在想起来真了不起，不愧是硅谷的影响。那个时候我写程序要到专门的电脑室去，还要预定时间才能使用。那时人工智能还很遥远，而现在真正地变成现实了。

1999年，我主管的基金投给了斯坦福大学一个做人工智能的教授。当时我们投资了一个网站叫“看世界”。该网站可以瞬间将任何英文网站翻译成中文，比谷歌还早。但是那个时候网站的准确率还不到50%，例如把Vice President（副总统）翻成“丑恶的总统”。所以，我们投资了300万美元，希望那个斯坦福大学的教授可以帮我们提高准确率，但由于计算能力及算法的原因，后来也打水漂了。

今天人工智能开始盛行，就是因为我们计算能力的提高和海量的数据积累。我再加一条，就是自动化能力。我觉得自动化让软、硬件可以无处不在地收集我们各方面的信息，这就是数据。今天所有的照相机、微信、车、滴滴等等，只要是联网的，都在贡献数据。所以我们今天要面对人工智能的到来，首先要了解它是怎么来的。人工智能的到来不是因为它智能了，而是因为颠覆我们人类传统思想的技术到来了。这个要感谢摩尔定律，每18~24个月计算机的速度就可以提高一倍。

奇点大学做了一张非常有名的计算机性能指数级发展图，它预测到2045年的时候人类就比较危险了。那个时候机器人将在很多方面超越人类，甚至不跟人类玩了。人类利用科技从帮助手脚开始，到现在帮助大脑，再到有一天超越大脑，这是机器学习的结果。所以我觉得我们今早讲的很多AI和教育的问题，仔细想想，其实这两者没有太大关系。一个是线性的发展，一个是指数性的发展。教育发展是线性，所以我们讲来讲去只是AI来辅助教育。但是到机器与科技的时候，它们的发展是指数级的。指数级的时候，每18个月性能就可以翻一倍。这样的速度逼迫我们想一想：到2045年的时候我们要去干什么？我觉得这是我们大家都要探讨的问题。

我们现在的教育与科技在很多地方已发生了巨大的变化。现在全球有5000万人在网上学习，有700所大学、数千个课程可以在网上找到。各方面的教育通过互联网的发展变得无处不在。让我们想一想看，如果今天开始入学的儿童，等毕业的时候，就是说十几年以后，65%的工作都没有了，那我们还要大学干啥？所以朱老师，我非常同意您的观点，就是要有学习中心。

我们的大学可能以后就叫娱乐大学，天天教你怎么打游戏、写诗、上太空、开发新的星球。刚刚我讲的现实与虚拟的体验，就是我们讲火星的时候就可以让你虚拟在火星上行走，这个在国外已经做到了。我觉得这已经不是用计算机辅助教育，而是在影响你的感知。将来我可能要借用AI帮助人来感觉与学习我们没有感觉到的东西，或者只有机器可以感觉到的东西。

比如：我今年15岁，我说我想要成为爱因斯坦。AI可以帮我吗？我相信周博士会说："肯定可以。"为什么可以？我们现在进入了一个技术颠覆的时代，算法颠覆了我们以前对所谓的历史、经验与传统的观念。我们当初预测人类需要700年的时间完成DNA排序，但在技术的帮助下、人类10年内就解决问题了。现在我们用基因检测的方式可以提供"精准治疗"。

将来的孩子需要的是精准教育，我相信现在大家为了竞争要考试、要受教育，将来的孩子肯定在做了基因检测后说："我将来是姚明，请把资源配置给我。”所以我相信这个时代AI可能不会很快到我们大学来、到教育当中来，但是一定会到我们现实生活中来。将来的现实与教育应该不是我们现在理解的教育，是不是用“教”这个字我都不知道。

我认为将来是终身学习的时代，在“教”和“学”中，AI可以起到更大的作用。我个人认为，将来的教育应该是往精准教育的方向发展。未来的学习，不管用机器人、数学模式或者STEM，最主要的是知道你想学什么，你对什么感兴趣以及你能学到什么。

李开复老师讲过，将来的就业机会包括：服务型、善用AI型、创意型、专业型、综合型、领袖型。我希望在座的将来都是领袖型，因为教育到最后，教人怎么幸福可能就变成了一个最领袖的行业。

我投资奇点大学就是因为该校的一句办学宗旨，那就是“通过对领袖的教育，激励及赋予能力去利用指数级科技迎接人类面对的巨大挑战”。奇点大学不发文凭，每年录取率只有2%，100多个人中很多的科学家都是兼职的，这本身就是一个教育的革命。大学的创始人之一是2005年出版《奇点临近》的作者Ray Kurzweil（雷·库兹韦尔）。他过去25年预测的25件事情准确率是100%。今后的25年他也预测了很多东西，从目前来看，他的预测也是非常准确的。他预测最主要的来源是什么？就是对人类想利用技术和科技来创造新财富、解决新问题的这个动力，是没有人可以把它打破的。所以在这个方面，指数型的增速就非常非常厉害。

奇点大学在教什么？他们把所有的未来科技及新兴学科放在一起学

习。新材料、3D打印、AI、VR（虚拟现实）、脑科学、基因工程、纳米材料、机器人等，他们把这些所有的东西，放在11个礼拜里让领袖们学习，就是为了让学员成为利用科技领导革命的领袖。

第一，这些领域全部是跨学科的，全部是可以互通的。

第二，互通的语言是什么？就是人工智能，就是创新与颠覆性思维。不管你是企业家、教育家、官员还是军人，奇点大学要让你有指数型、颠覆型的思维，并知道利用当代科技来拥有改变10倍于现状的能力。他们称之为“十倍的力量”。这是谷歌研究出来的：如果你想改变一个行业，一个颠覆性及改变10倍现状的行动要比改变10%还要容易。所以奇点大学的毕业考试是分组做一个项目，可以是任何项目，但这个项目必须要能改变10亿人的生活。我不知道在座的所有创业的人，或者所有教过你的人，所有想教育他人的人，有没有想过你今天可以利用技术和智慧去做一件可以改变10亿人生活的大事。我觉得这就是这个学府与很多大学不同的地方。

在奇点大学，研究最多的另一个方面就是科技，实际上就是大脑。“脑”，其实很多时候我不知道怎么形容。

我刚刚从麻省理工回来，在那里毕业的中国留学生创建了脑电图公司。上图这个产品如果给在座的所有人都戴上的话，我在这里基本上可以知道你们哪些人在听、哪些人在想其他事情或者在睡觉。你想一想看，人今天已经可以用脑电图来控制他想控制的一些东西，将来还是有些可怕的。将来我们可以给中国很多的学生来试一下。在评判老师讲得好坏的时候，如果学生的注意力只是达到40%，要么教材不好，要么老师不好。

我的一位美国朋友刚刚在美国成立了脑神经图学会。他们的主要研究方向是人类大脑或人脑图与机器人结合，将来可能将鲁白老师的大脑和脑神经上传上去。你说这个可能会实现吗？或者不会实现吗？如果这个实现的话，教育会公平吗？如果今天我这个大脑和另外一个大脑是连接的话，我在跟你对话的时候，我会比别人聪明很多吗？所以我觉得AI有另外一个课题，那就是道德与公平的问题。

今天我在这儿不是讲教育，我今天是讲“科技将来会颠覆我们所有的思想与传统”，我在给我们自己敲一个提醒的响钟。

上面图片中这个头盔现在基本上已经造出来，你愿意戴上这个头盔来提高你的竞争力吗？在座愿意的举手。有很多人愿意。如果你把这个AI植入大脑，当你认为你要打败所有竞争对手的时候，你就会用了，这就是为什么科技的发展是不可阻挡的。

我祖父早年留学美国，在耶鲁，我父亲在国外念书、教书，我也是。看看我们中国的教育，大学传到中国才100多年。我们以前是私塾，现在是大学，将来呢？所以我们现在一定要跟上这个时代，并引领它。我觉得今天的会非常好，中国完全可以引领未来的教育。因为我们有最大的数据及应用场景。所以，我觉得我们应该研究我们未来的教育是什么样。

所以AI的时代是中华民族的时代，因为我们有几千年的智慧。我觉得孔子很伟大，今天所有人都用“因材施教”这句话。在AI时代，为什么我们还要读万卷书，行万里路？因为那是在寻找幸福与智慧。未来的职业也可能是围绕这一点，可能将来我们的职业就是走来走去、游山玩水、天天打游戏、创造新的玩意儿或消费，这就是我们的职业，因为我们很多的工作都被机器做了。

孔子教导有“三立”：立功、立言、立德。也许将来立功与立言都给机器做了，但是立德永远不会。我觉得人类与机器最不同的地方，就是仁爱，这是最大的立德。我希望在座的大家能把仁爱带到未来的教育当中，这是大德。谢谢大家！

朱华勇

睿易研究院院长

原国防科技大学无人系统研究所所长

人工智能是我们的一种工具，没必要害怕

尊敬的各位专家、各位老师：

大家下午好。

很荣幸今天有机会给大家做一个简短的报告，主要就是想谈一谈人工智能和未来教育。人工智能的研究实际上有很多新的动向，我想就我过去几十年在这个领域的研究，包括现在的跨界研究，来谈一谈我个人的理解。

我原来研究无人车、无人机、智能机器人，做决策与控制，现在我来到华东师大，还在睿易研究院做基础教育相关的工作。今天的报告内容有三个方面，主要还是想从新的维度来谈谈群体智能。

一、从新的维度认识群体智能

搞人工智能这一行的人都知道，群体智能最初是源于对很多社会性昆虫生物群体的行为研究。简单的个体通过相互协作、合作，涌现出更高的

智能行为的一种特征，称为群体智能。这里面有一点，一群蚂蚁也好，或者一群蜜蜂也好，包括鸟群、鱼群等等，它们没有中心控制，它们的控制是分布式的，通过相互的交流、协作来达到一个系统整体的行为。所以有自主组织性，能够表现出不同的层次、不同的形态。这里面也有多种不确定性。

群体智能遵循一些基本的原则：位置不要太近，也不要太远，速度一致，再增加两条就是多样性和适应性。规则非常简单，但是呈现出来的效果却是非常地惊人。

我们谈群体智能，跟以前所说的人工智能有什么样的关系呢？我找到了一个几年前的图，说群体智能是交互驱动的一种人工智能，这个理解应该是对的。最初我们是做规则推理，后来神经网络深度学习是数据驱动，现在我们越来越多的是在谈交互驱动的群体智能。所谓的群体智能和一些其他的概念有关系，我就不展开来谈了。这里我想简单介绍一下，我们人的社会群体的智能。群体智能是交互驱动的，而我们人最擅长的就是互动，或者说是社交。

在2009年DARPA（美国国防部高级研究计划局）举办了一个叫“寻找红气球”的比赛，看谁能够在最短的时间内找出来，谁就能够拿到所设的4万美元的奖金。最后是麻省理工团队，5个人的团队耗时8小时52分钟就找到了，诀窍就是利用了社交网络。也就是说，当一个社交的基本环境有了以后，有效的机制或者规则的设计会带来非常好的群体能力的涌现。在比赛中有好多人找了好多方法，包括通过卫星找美国表面上有没有这个气球，各种办法都有，最后还是这一招最好使，通过社交网络找人来找。这给我们一个非常好的启示：人在很多方面具有各种层次、各种方面的智力，但是人与人合作的时候，用非常简单的交互规则也能够达到非常好的效果。

接下来谈人工智能。智能机器人和人工智能技术的迅猛发展，给我们现在这个社会带来了巨大的冲击。这里面大家也提到了，人是否会被机器人或者人工智能所取代，甚至于被人工智能所统治，人变成奴隶了。实际上现在的科学界、技术界是有不同理解的。在这里面谈到危胁论的人，大多数是跟投资者有关。跟项目、经费申请有关的人偏好谈威胁。其实从技术的角度来讲没有那么恐怖，大家实际上心领神会。IBM还有一些学者已经在人工智能上做了一些反思。所有的技术手段都是帮助我们增强感知力、记忆力、知识量、决策力等等。再一个就是，现在我们国家也好，国外也好，正在研究AI作为一种技术用具，或者作为可用的、可购买的技术，怎样跟人更紧密地结合起来。这里面对机器的认知发育有很多研究，甚至说机器可以一天看100万张图片，而人有很强的直觉，这两个层面结合起来就是两类智能的共生共融的问题，也就是共融智能的未来理想。

这里面我举两个方面的案例。一个是我们国家研究机器人学顶级的团队的认识。本来人的能力优势大家非常清楚，逻辑抽象、协作安全等等，而机器人在精度、速度等方面优势突出，这两方面结合实际上会带来一个非常好的结果。原来重复性的作业是在结构化对象和空间来实现的事，可以通过预编程和预先逻辑来做。现在我们想让机器人参与到更多的、更广泛的职业环境里面来，目的并不是取代人，而是提高人的生产效率。把生产效率提高了，我们人才有机会去做更好的、更有兴趣的事。这样的话带来了机器人与人的自然交互，和人的配合，对人的技能学习，以及人、机、物的安全问题，合起来就叫“与人共融”。去年有一个机器人把一个操作工人给伤了，产生了死亡事故，实际上这就是一个物理安全的事。还有就是在作业层面和离散物理点、任务点上，他们之间的相互关系和安全关系。再向上就是决策层面上的智能融合。

我们国家自然科学基金委组织了相关的专家来论证下一代的机器人。基金委是针对特种机器人、康复机器人、先进制造以及各种各样的仿生机器人的创新探索方面来提出这些问题的。我是这里面“控制”和“群体智能”论证组的，论证了将近两年的时间，最后项目立项完成了。这里面有一个机器人与环境的最基础物理层面上的共融问题，包括运动、控制。再一个，机器人和机器人，意味着数量的增加，群体问题也就出来了。还涉及了有人和无人系统的协同，也涉及机器人将来进入人群，甚至进入人类社会很多领域带来的一系列的问题。

在这里面涉及的技术问题，从控制的角度来讲、从计算的角度来讲，就涉及一个体系结构的问题，还有多态分布架构和群体智能。近几年美国空军已经做到了利用多个空中的无人平台来协同完成一个任务。再一个就是用无人和有人的组合和不断扩展的结构，来实现一种新的能力模式。这样的话，它带来了很多问题，有基础的，也有共性的。针对未来的发展需求，我们也在设想一些应用或者未来的场景：地面、水中、空中的一些无人平台，它们在非结构化、开放、动态、不确定性，特别是具有一定对抗性的条件下，怎样来解决它们的高效能机动的问题。解决复杂的控制问题，特别是针对不确定性和对抗性会带来很多的故事。这里面从软件的层面上，从自主的智能层面上，以及从协同的层面上提出各方面的问题。再由这些问题，我们进一步提出它对于软件的要求，对于群体智能和自主行为的要求，最后归结到科学挑战和技术问题。这个计划到十年以后，应该是会有一个技术基础成果，也可以对下一轮的产业发展起到支撑的作用。

我讲这些，实际上就是想告诉大家，在我们国内，对机器人、对人工智能从技术层面或者科学的层面上，我们在追求什么，我们在研究什么。这样的话，现在我们教育、培养的学生将来要为这个方面做贡献，要在科学领域从业，这也是我们教育的目标之一。再一个，这里面所蕴含的很多技术，对于教育也有很大的作用。

二、个性化学习与人工智能的价值

校本个性化学习，这个我只简单提一下。从技术和教育的层面上讲，一个是为人工智能而学，另一个是用人工智能来学习。未来生产力靠什么提升？人工智能。有这么好的技术，也要发生一些更好的变革。个性化学习在《新媒体联盟地平线报告（基础教育版）》里面反复提出来，推动个性化学习列为未来五年影响学校应用教育技术发展的严峻挑战之一。个性化学习将关注个体学生特定的学习需求、兴趣、渴望以及文化背景，为此开展定制化教育，提供更多的学习选择以及差异化学习服务。睿易研究院在云教学的结合点上，已经把人工智能的一些方法，包括群体智能的一些前期的成果或者组件，逐渐用到学校基础教育及软件或者产品里面去，现在逐渐看到了一些可喜的效果。

我们学校长期面临导向的困惑，大家都在谈，国家也很关注，怎样去解决一些目标导向和评价体系的问题。人工智能对于我们各项学习的价值是什么呢？一个是从教师角度来讲，感知能力的提升。实际上我们有很多的办法。把人工智能做成跟人相对立的东西，这肯定是不好的，但是如果做成老师的助手，这是一个非常好的理念。首先帮助老师提高学生的感知能力。第二个是学生要通过AI的这种辅助获得更广泛的、深入的个性化定制。现在新的受教育者最重要的特质就是通过个人的努力，取得群体协作的成果。

三、群体智能影响未来学习形态

无外乎两个方面：学习内容和机制的革命、教师职业的革命。

学习内容革命，就是学习知识的内容发生大的变化。我们现在谈大数据，我们有15年的数据、10年的数据，都是非常宝贵的。但是我们现在把群体智能用进去的话，没有数据我们照样可以学习，因为可以合作。教育过程中数据是生成性的。未来两三年内，我希望通过院校、研究机构和企业的共同努力，使得我们学校能够真正武装起来这样的系统，让学校本身的群体智能得到发展，让我们有数据也好，没有数据也好，都能够让学生的学习机制更优。

教师职业的革命有两点：1. 群体智能促进教师专业发展。2. 部分职业被人工智能替代。

这也是很正常的事儿，这并不可怕。因为大家想想看，人工智能，我们是用它当我们的一个工具。没有工具是一个问题，如果工具很强了，用得好或者用不好，就是教师的能力问题。

人类如何应对人工智能引发的机遇和挑战？实际上很简单，我们创新学习。技术在发展，人很贪婪，一定是会追求更高的，总想找到更好的。第二个是定义规则。生化武器可怕吗？我们就制定规则，禁止和限制它。如果高考机器人出现了，我们规定高考机器人的成绩不算不就行了。其实根本不用怕，如果人自己放弃了规则定义权就很可怕。不是人工智能统治了人，而是有一些精英分子利用人工智能统治了其他人。

我就说这些，谢谢大家！

主持人：王志东（新浪网创始人，现任北京点击科技有限公司董事长兼总裁）

对话嘉宾：朱华勇、关新、吴晓如

嘉宾对话与观众互动

王志东：

一会儿我会提三个问题，然后回答现场的提问。现场提问怎么来提呢？我想换个方法，大家记一下我的手机号。大家可以往我的手机上直接提问，手机号是：×××××××××××。我们在讨论的过程中随时可以发短信，别打电话。我会根据这个跟大家再继续做讨论。

刚才朱老师后面提的问题，也是很多人都在思考的一个问题，就是关于人工智能对于人类的威胁。而且网上也专门列出了人类科技发展几个自取灭亡或者找死的技术，有核技术、基因工程，也包括人工智能。在座的各位分别从产业、投资和市场研究的角度，谈一下对这个问题的看法，你们认为这对人类是个威胁还是没有威胁？

吴晓如：

从可预见的一段时间里面来看，我觉得对人类是没有威胁的。因为从目前的技术能力来说，现在更多还是利用大数据。就像今天有一位老师讲的，更多还是题海战术，用足够多的数据，在一个数据的框架下学习。所以我觉得在可预见的一段时间里面，人工智能没有能力威胁人类。

王志东：

未来会不会有呢？可能几年前我们还认为机器不可能战胜围棋冠军。

吴晓如：

未来我觉得是有可能的。未来整个技术发展的过程，实际上是技术、政策、社会的一个整体协调的过程。今天朱老师中间说的我也很同意，在整个技术发展过程中，要预设一些规则，让技术对人类的帮助，在整个大的社会规则的管理下来运行。所以未来技术上不是没有可能，但是我们要通过一些规则，让技术在这个规则下运行。

王志东：

规则自己失控了怎么办？比如核技术，我们自以为有规则。现在朝鲜很可能就失控了。

吴晓如：

任何技术如果掌握在不该掌握的人身上，都会对人类有威胁。所以这个规则以后应该是全方位的，应该既有一些法律政策层面的规则，还得要有技术方面的规则。技术方面的规则，实际上现在已经有一些技术层面的行业在提了，比如是不是给人工智能赋予一个“电子生命”。现在能够做人工智能的是一些比较大型的企业，因为它有足够的运算能力、足够的数据，所以在大型企业做人工智能算法的过程中，应该有一些规则。

从技术到政策到整个应用上，形成一个整体的防范措施。当然，这个时间还比较长，我们在这个过程中集思广益，让它在我们控制下产生作用。

王志东：

吴总的意思是，短期内我们还没有成为宠物和奴隶的可能性。

吴晓如：

对。

关新：

我觉得谁掌握了这个工具，这个影响力是很大的。我认为我们一定要有这个意识，技术总是会掌握在少数人的手里。为什么在其他行业有反垄断法，但是谷歌和脸书把全球在美国广告的85%都垄断了，却没有反垄断法来管？我个人认为要提高警惕。

王志东：

关总的意思，也许一步变成奴隶可能还没有那么快，但是人工智能带来对整个社会的威胁很可能马上都会出现？

关新：

很多人都在谈AlphaGo赢了。从来没有人想过把围棋的下法改变一下，这是做人的本领。围棋两千多年没改过呀，你改一下它不就要学半天了嘛。魔高一尺，道高一丈。人类每次在面临最大威胁的时候，才会有动力解决一些问题。比如：机器人是两个人对弈，我再增加第三方。或者我把围棋棋盘从有边界发展到无边界的。

吴晓如：

下围棋这个事情以后是这样子的。我要带一个机器，李世石也带一个机器。

王志东：

你增加一个规则“只有碳基生命才可以玩”，这样就行了。

关新：

机器人在什么情况下才可以发展成进入什么样的领域等等，这个规则是由人定的，人是有感情和仁爱的。但是你如果今天说定了规则永远不改，然后找个机器人跟我下，当然下得比我好了。规则要随着时代的发展而变化。你为什么今天不骑马呢？为什么不走路呢？你今天为什么开车呢？这是一样的道理。

王志东：

朱教授原来是在国防科大研究军事方面的。你具有毁灭性武器的时候，就变成震慑性的力量。人工智能一方面要和平利用，另一方面是不是也要研究一些震慑的力量来保证它被别人和平利用呢？

朱华勇：

我谈一谈我的观点。首先技术的发展是由我们的欲望所驱动的，你能克制所有人的欲望吗？克制不了。人类有欲望，有梦想，你想研究技术就去研究。在这个研究的群体里面，就需要教育去规范。我们的教育是认识人的价值，认识生命的价值，让更多优秀的人有欲望去创造一个善的、好的技术，或者是去创造一个高的技术用于好的方面。就像未来人工智能也好，机器人也好，能够植入情绪和情感，可能一个有委屈的人会植入他的情绪在里面。但是我们有这么多乐观幸福的人，我们可以植入更多好的情绪嘛。最后群体智能影响是什么？群体战胜个体。所以说最后要归结到教育本身，它最原本的含义和职责就出来了。

另外关于技术的本身发展过程，定义规则是必需的。一个简单的例子，美军发展无人机除了侦查还有带有弹药、可以攻击的。它就提出来，吨位超过多少，飞行速度超过多少，距离超过多少的时候必须是人在里面，出任何问题就找这个人负责，问题一下子就解决了。很近的，法律上不管。但是一旦远了以后，无论是国内的航空还是到境外发展，至少这个条例规则已经列出来了。我们现在黑飞，小无人机动不动就影响民航，这是因为我们规则还没有出来。再一个就是我们的教育也没跟上，最后还是落实到咱们的教育工作上来。

王志东：

回到我第二个问题，人工智能时代一定会到来，或者说已经到来了。对于我们的教育来说，影响其实应该说是两个方面。第一个方面，人工智能怎么去改变我们的教育方式，改变学校，改变老师。另一个方面，在人工智能这个时代，我们每个人怎么去学，学什么，怎么适应人工智能的时代。刚才几个老师多少已经提到，已经提过的不需要过多重复，咱们把这两个概念补充说一说。

吴晓如：

人工智能的时代已经来了。作为一个老师或者学生来说，在教和学的过程中一定要看怎么利用这个数据，让自己学得、教得更有效率。我们今天谈的很多话题，可以给很多老师做参考。有一位老师讲，人工智能教和学的过程中要有一个认知，这是一个方面。第二个方面，很多东西需要大家共同探讨和摸索。比如人工智能时代来临的时候，对于整个人的情感、综合素质的培养。任何一个学生长大以后，要融入到新的互联网、人工智能的时代，所以一个人要有互联网基本的素养、人工智能的素养。这个以后在教学过程中，要专家、教育学界和人工智能或者大数据业界人士不停地去摸索，摸索出来一些方法让这些孩子们长大以后，不仅仅是学了一些个体的知识点，而且掌握了在人工智能和大数据时代怎么更好地适应社会。

王志东：

概括起来就是重复的事情让机器做，对于学生来说，掌握能力比具体的知识更加重要。

吴晓如：

一定是这样子。

关新：

我觉得将来的孩子不需要想他工作干什么，他就想“改变什么”。他怎么玩，玩出新的东西来，玩创新。第二个是学习怎么做人，为什么要做人。有这么多机器了，你也不用工作了。

王志东：

最关心的还是诗和远方。对吧？

关新：

对。追求幸福的能力，你自己对幸福或者你对自己都不爱，你怎么可能爱别人？现在技术这么发达，什么是人？人来干吗？刚才有一张图我没有讲，现在碰到很多人，他们都买好机票，20万美元上太空玩6分钟，他们准备一去火星就不回来了，这也是一种玩法。

朱华勇：

一个是提高认知力。第二个，人工智能到底是什么？至少在座的人回去以后不会感到特别恐惧。作为小孩的教育来讲，我们就是让人工智能变成教学用具或者玩具，让他在学习的过程中知道人工智能原来就是这么回事，让他知道技术的两面性，从小培养他的技术认知力。

王志东：

其实这个问题我还想继续讨论，但是时间有限。估计后面已经有很多提问过来，最新的一个提问，正好是碰到我的第三个问题：“我知道讯飞有一个计划，要搞一个‘高考机器人参加高考’，然后还要去考取大本。是这样子吗?”

吴晓如：

这是一个科技项目，项目更多是看技术点。

王志东：

有这个信心吗?

吴晓如：

我觉得还是完全可以。

王志东：

一旦这个项目成功了，证明什么呢？证明现在机器智能已经达到大学生的水平吗？还是说证明我们现在的考试其实没用了，只是选出一批机器而已?

吴晓如：

我从两个方面来考虑这个问题。第一个方面，机器首先还是弱人工智能。机器能够通过考试，但我们现在更多的不是为了考试本身。如果把人工智能里面涉及的技术点打开看，主要是看我在里面的一些自然语言理解、知识推理、整个知识图谱的建立等方面的能力是不是具备。这是第一个问题。

第二个方面，机器和人在考试的问题上好像看上去都达到了一定的分数，但并不是说我们让它参加高考是为了跟考生去比，我们更多的是看这个技术点有没有突破。但是对于学生来讲，也是那样，以后学习实际上是长跑的过程，以后社会上新的技术层出不穷，创新创业点也层出不穷。所以在这个过程中，学生实际上是通过一定科目的学习，除了掌握一些基本需要掌握的技能之外，在学校其实是提升未来学习的一些方法。我自己觉得没有必要把机器参加高考和考生去相提并论，各有各的不同目的。

王志东：

现在高考人才选拔的制度决定了咱们做的都是应试教育。其实你们做了一个很好的项目，你们能够从技术的角度证明高考的方式是有问题的。现在我们在教育方面有两个核心问题：1. 素质教育。2. 教育公平。人工智能在素质教育方面，我们到底能够做多好？这个事情您怎么看？

吴晓如：

整个人工智能在素质教育里面有一些话题，因为时间的关系，我们今天没有展开。比如：学生到了高一和高二的时候分文理科，怎么选科？人工智能在后台可以看学生的一些阅读的兴趣，比如他在一些课堂交互的次数，它可能比学生更了解学生在某些方面的兴趣。人工智能在素质方面可以像学生AI助手一样，帮助学生去了解自身。机器作为一个学习的AI助手，它在补短和扬长上面各有各的作用。

王志东：

我现在已经收到30多个问题了，咱们不可能都回答，会后我会交给《知识分子》。刚才第一个问我的问题："人工智能会超过人脑吗？它们会有情感吗？"我觉得这个比较适合朱老师。

朱华勇：

我个人的观点是：永远不会超过，就算超过也只是在某个非常小的技能、技巧方面。这是第一点。第二，我觉得人工智能作为一种技术，它肯定是我们情感在技术上的投射。只不过投射出去以后，我们怎样去跟它发生进一步的联系？抑或是投射出去我们就不管了？这既有社会伦理性的问题，同时也有技术方面的问题。

吴晓如：

我不完全同意朱老师的观点。我觉得人工智能以后在很多方面会越来越超越人类，比如：记忆、运算、看和听，甚至以后在某些细分出来的能力方面。我觉得在情感方面，计算机肯定是不具备的，就算有情感也是装出来的。如果哪一天机器真的有情感了，它就是人了。

朱华勇：

如果说计算机的记忆超过了人，这已经实现了。但是说不定哪天可以把计算机的记忆用到这里来，比如：我跟这个人聊天，突然想到《红楼梦》当中有某一段用得上，我和计算机一交换，马上就像大学者一样如数家珍。这个技术，在关新先生讲的里面已经看到雏形了，我们国家自然科学基金委也已经在做，只不过没有美国快。

关新：

我们现在谈到情感，只是人的情感。但是等机器发展到一定的程度，就会出现新的人和机器的情感。很多人跟手机的情感，其实超过了跟家里人的，所以我认为将来的机器会在你突然需要某种情感的时候，用另外一种方式将人从来没有接触过的情感表现出来。这就是我为什么讲，我们对机器的发展还不了解。机器可以看出我们身上很多的弱点和细节，人自己是根本看不到的。我觉得将来有一种新的情感会出现。

王志东：

我本来是想用快问快答方式的，但是我看大家讨论起来还是蛮有意思的。下面是我随机抽的一个问题："人工智能发展可以促进未来教育的发展，但人工智能对教育公平到底是好事还是坏事?"

吴晓如：

人工智能只是一个技术和工具，这个技术和工具怎么用，要看整个政策的制定者。今天来了很多的大专家，怎么影响政策层面？比如：人工智能可以把优势教学的很多模式标准化和流程化，这个可以促进教育公平。但是从另外一个层面来说，人工智能也可以促进现在面向高考的教学，让强者愈强。实际上这个技术是双刃剑，我们要看怎么更好地把剑用好。

王志东：

我再抽一个问题，也是最后一个问题：您好，我是一名小学生。请问以后我们应该学习什么内容？关老师回答。

关新：

我从来不愿意讲课，我从来不敢给人家说，就是因为我没有这个能力回答。如果你今天是小学生，我个人觉得应该学习你所有想学习的东西，而不要去为了一份工作，为了一个老师，为了一个学校的荣誉，为了一次补考，为了你爸爸妈妈去拼命学习你不喜欢学习的东西。我认为将来的孩子，应该精准教育，但是选择精准的那个人是你自己。

王志东：

我们已经收到了40多条问题。我会把这些问题在会后整理出来给专家，专家愿意可以再继续回答。谢谢各位专家，谢谢各位！

人工智能对教育的机遇与挑战

汤　敏

国务院参事

友成企业家扶贫基金会常务副理事长

中国教育三十人论坛成员

未来教育与新师徒制

今天听了一天，大家都很累，也很焦虑。因为我们看到人工智能来了。大家都在反复谈，我们需要终身教育。但是我觉得整个讨论都没有谈“怎么教育”“如何教育”的问题。面对以人工智能为代表的科学技术的快速变化，我们应该怎样学习？

今天大家都谈到了终身教育。终身教育不但涉及内容，还涉及学习方式、培训规模的问题。因为人工智能的冲击已经非常逼近了。比如说自动驾驶汽车的到来。据说2019年谷歌的自动驾驶汽车就正式上路了。一旦自动驾驶成了风气，有人预计只要用目前1/10的汽车，就可以满足现在对汽车的所有需求了。当马路上只剩1/5甚至1/10的汽车时，交通堵塞没有了。但是，上千万的汽车司机、大部分的汽车厂工人都会失业，为汽车厂配套的零部件厂商和钢铁厂、橡胶厂等等，都会大量裁员，就跟今天的自行车厂一样。大家可以去调查一下，除了那几个做小黄车、小蓝车的自行车厂之外，其他的自行车厂还能活吗？

未来还有工作机会吗？最近，花旗银行与牛津大学发布的一项研究显示，到2040年左右，在中国，现有的77%的工作岗位要被淘汰或被智能机器人所代替。这不仅是流水线的工人，包括很多会计、律师、记者等目前看来是高端的职位。现有的大量工作在未来的20年内将会被机器人所替代。信贷员、前台和柜台服务员、法务助理、做零售的销售员被机器人夺走饭碗的概率均超过90%；出租车司机、保安、做快餐的厨师失业的概率均超过80%；程序员和记者的失业概率分别为48%和11%。

连医生这么高端的岗位也岌岌可危。前些天，天津第三中心医院的一位胃癌晚期患者由IBM公司的沃森机器人用十多秒钟就开出了精准详细的诊疗方案。目前，美国的癌症五年存活率已经达到66%，而我国才31%，主要是我们诊疗的水平参差不齐。肿瘤领域知识更新发展极快。2015年癌症领域新发表的文献为44万篇，但最勤奋的医生一年也只能看1000篇。而沃森十几分钟就能看完，不但全记住了，还能进行分析。沃森诊断的准确率，已经比美国几个主流医院的高手医生高了很多。沃森已经在美国通过了执业医师资格评定考试，它最拿手的专业治疗是肺癌、乳腺癌、直肠癌、结肠癌、胃癌和宫颈癌等6种癌症。

昨天我在IBM北京公司开会。他们告诉我，沃森一秒钟可以读8亿字节，还顺便分析整理。我们人怎么去跟它比？今年有一个名叫“爱因斯坦”的小机器人上市，300美元一个。它像百科全书，可以回答你提出的几乎所有问题。给它加一点讲课功能、作业辅导功能，它就能给你的孩子当辅导老师，不用把孩子送去补课了。这对于传统的教师职业来说，是一个非常大的威胁。

用不了多久，我们各行各业很快就会感觉到人工智能等新技术的冲击。现在大家都很焦虑。最近我写了一篇微博：“想想清末那些准备科考的秀才们，一天早上起来晨读时突然听到科举改高考，不考八股，考数理化了，十年寒窗全废了。”我们现在又碰到了这种情况，怎么办？要像下岗工人一样“悲壮地重新再来”，只能不断地学习那些机器暂时还做不了的事情，赶紧去给自己找个出路。与过去上了个大学，拿了个硕士、博士就可以吃一辈子的时代不同了，今天每个人都需要不断地充电。持续地学习新知识、掌握新技能，比以往任何时候都更为重要。

其实我们每天也都在学习，但都是非常碎片化地、业余地在学习。为什么呢？因为现在没有一个系统，给我们提供如何应对这种迅速变化的社会的学习方式。我们现在的所谓继续教育是以补学历为主，而对已经有文凭或者认为文凭不重要的人来说，这样的学习又对他没有用。举个例子，现在农民工最需要提高技术，需要再教育、终身教育。但你想想看，那些农民工付得起到大学里学习的时间和金钱吗？更重要的是，他们需要的技术咱们大学里有吗？老师能教吗？

怎么办？

4年前为解决教育公平问题，我所在的友成基金会与人大附中刘彭芝校长一起开始了一个称之为“双师教学”的实验。所谓“双师”，就是一个贫困地区学校课堂的教学由两位老师来完成，一位是远端城市中的优秀教师，如人大附中教师，一位是当地乡村学校的现场教师。每天录制人大附中老师的讲课并放到网上。当天晚上，乡村老师对人大附中课程超出乡村学校需要掌握的部分进行必要的剪裁。第二天在乡村课堂上播放录像。当视频中人大附中老师提问人大附中学生时，现场乡村老师把视频停下来，让当地学生来回答人大附中老师的问题。如果学生都答对了，就继续放视频。如果没答对，现场老师就会用几分钟把这个概念讲一遍。到2016年春季，这一实验已在中西部18个省的130多个贫困地区乡村学校中展开。根据中央财经大学一个国际团队对这一项目3年的追踪评估，初中进校时实验班和控制对比班的考试成绩几乎完全一样，3年后的中考成绩，实验班比控制班平均整整高出了20分。不但学习成绩大大提高，学生的学习态度、学习兴趣、精神面貌都有了很大的改变。

更有趣的是，在实践中我们发现，“双师教学”受益的不仅是学生，其实受益最大的是参加实验的乡村教师。他们每天都在听全国最优秀的老师讲课。人大附中的老师与全国的参与试点的乡村老师还经常在QQ群中一起备课、答疑，乡村教师们自己也在群中一起讨论。几年下来，实验班的老师们很多都成了当地的优秀教师。一些老师说：“我参加过多次国培计划、省培计划，但‘双师教学’模式是我参加过的最好、受益最大的培训。”目前，在广西南宁和桂林、重庆彭水、贵州威宁、湖北咸宁、广东东莞等地，都开始用“双师教学”的模式，把本省、本市、本县最好的优秀教师的课拍下来，送下去。

再举一个我所知道的例子。2015年初，著名男高音歌唱家戴玉强开办了一个超级声乐慕课——“戴你唱歌”。每星期一、三、五，戴老师都请一个青年歌手做示范，他亲自点评。每节课25分钟左右，拍下来挂到网上。短短的一年多时间，这个网站的点击率已经高达4亿人次，每星期全国有近千万人跟着戴老师学唱歌。

人大附中的“双师教学”，戴老师的“戴你唱歌”给了我们对终身教育的有益启示。既然连男高音这样的艺术教育，连中小学教师的培训都能在互联网上进行，为什么别的技能不行？能带你唱歌，为什么不能带你电焊，带你当电工？

这种模式我们称之为“互联网下的新师徒制”：以互联网为媒介，由某一领域的行家里手，用长期言传身教的方式，带领较大规模的徒弟们用碎片时间进行学习与实践。

新师徒制“新”在什么地方呢？

一是新在规模上。传统师徒制是一个师傅带几个徒弟，而新师徒制是通过互联网让一个师傅可以带几万、几十万个徒弟。

二是新在师傅的选择上。名师才能出高徒。传统的师傅只能在本企业中挑选，而新师徒制的师傅可以在全省、全国甚至在全世界选择。

三是传统的徒弟只能跟一个师傅，而在新师徒制下，一个徒弟可以在互联网上跟好几个师傅，博采众长更能出高徒。

四是有很强的激励机制。在市场机制下，培训平台可以对徒弟收费，给师傅重奖。甚至可以以网络的方式，每个徒弟打几块赏钱，师傅马上可以成百万富翁、千万富翁。即使是由政府组织的新师徒制培训，对师傅也可以用提级、发“五一劳动奖章”、冠“大师工作坊”等各种荣誉上的和物质上的奖励进行激励。

在新师徒制中人工智能能干什么？

人工智能可以给“新师傅”当助手。通过人工智能的分析，挑选合适的师傅，通过数据分析看师傅怎么才能讲得好。同样的，人工智能还可以对徒弟们进行大数据分析：他们的特点是什么，需要什么，如何满足个性化的需求。现在IBM的沃森正在进入教育领域。IBM与上海外国语学校实验学生的英语语音分析，你跟沃森讲一句，它马上一点一滴地指出你的发音问题在什么地方，应该怎么改。这一套方式也可以用到对徒弟学习的分析上。

人工智能会不会最后连师傅都替代了，直接自己上课？也有可能，但可能会发生在遥远的未来。今天我们关心的是，那些很快要被人工智能前期技术淘汰掉的人，如何用一种低成本的有效方式来转换他们的工作。

谢谢大家！

项贤明

南京师范大学教育科学学院教授、博士生导师
中国教育三十人论坛成员

人工智能与未来教育的任务

各位前辈，女士们、先生们，电脑前面的网友们：

大家下午好！

非常高兴有这样的机会来和大家一起讨论人工智能与教育的问题。实话实说，对于人工智能我完全是一个外行。本来我是没有信心站到这个讲台上来的，但是有朋友问我："现在不都是外行领导内行吗？"这一问让我有信心了。

直到现在，大家在本次论坛上听到的关于人工智能的信息，大多都是正面的、积极的，我可能要稍微悲观一点。大家看到我做的这个灰暗的幻灯片封面，可能就猜到这一点了。刚才关新先生提问现场听众，问谁愿意把自己的大脑和其他十几个高手的大脑连接起来，从而打败对手。我看到现场竟然有那么多人举手表示愿意，真的是非常惊讶。如果是我，我绝对不愿意，并且还要反对。你们想过吗？实际上不是你战胜了你的对手，而是你在别人控制之下战胜了你的对手。你不过就是电子游戏中一具被控制用来作战的僵尸，因为你已经丧失了作为人必须具备的一个重要属性——自由意志。你还不如古罗马的一名角斗士呢！古罗马角斗士的剑还是握在自己手里的呢！仅从这一件小事情也可以看出来，人工智能是一种比核技术更需要引起我们警惕的新技术。

首先让我们来讨论这样一个问题：我们人类是凭据什么成了这个星球的主人？这里所说的“主人”当然不是简单粗暴征服自然的Master（主人），而是能玩转这个世界的Player（参与者）。我们既没有尖牙利爪获取猎物、抵御天敌，也没有浓密皮毛对付严寒。我们凭什么成了这个星球的主人？教育学和人类学等学科对这个问题的解释是，这是因为人类的生理构造未特化和反应机制未确定，赋予了人类以很强的可塑性，使人有很强的学习能力，可以通过接受教育积累和形成日益强大的适应能力。人类正是因为自身强大的学习能力，才能够适应各种各样的新环境，解决各种各样的新问题，从而超越了其他生命存在。远古智人能从非洲到欧洲去生活，并且击败当时已经在那里生活的尼安德特人，说明他们已经具有很强的学习和适应能力。也就是说，我们正是依靠智能，才成为这个星球的主人的。

当然，智能并不只是简单的脑容量多少。如果凭脑容量的话，非洲森林象的大脑比我们要大得多。如果你今天欺负了一头大象，几十年后这头大象还会认出你来，找你的麻烦。大象的这一能力至少比我强得多，今天我在这里和你相识，明天再见面就有可能记不清你是谁了。这个有趣的例子或许也能说明，给我们人类强大生存竞争力的不只是像记忆这样低级的智能，而是以创新为突出特点的高级智能。

我们很多的研究都证明了，人类之所以能够成为这个星球的主人，是因为我们有很强的学习能力。正是智能，让我们成了这个星球的主人。回顾人类进步的历史，我们可以看出曾发生过三次认知革命。今天，在我看来可能正处在第四次认知革命的前夜。

第一次认知革命大约发生在几十万年前，由于智慧的产生，特别是语言的产生，人能够组织起来，能够比其他动物更好地协同，从而使智人成了这个星球的主人。也正是在这个时候，出现了以适应性为主要特征的原始社会的教育，这是一种“适应为王”的教育。

第二次认知革命，发生在人类进入农业社会之后，大概在距今1万年之前。在这个发展阶段，掌握更多的自然规律十分重要。只有掌握了更多的自然规律，我们才能够更好地顺应自然规律，从而过上好的生活。我去年第一次看见闪电和雷雨时开始泡稻种，获得了大丰收；今年偷了个懒，第五次看见闪电才开始泡稻种，结果水稻种下去后只会疯长，不结稻穗，差点没把自己和家人饿死。记住这些自然规律，实在太重要了。于是，我们看到农业社会的教育，往往都特别强调“记忆”的重要性。我们中国人在传统上就特别崇拜那些“博闻强识”“学富五车”的人。这种传统甚至一直影响到今天的中国教育。

第三次认知革命，大概是从250年前人类迈入工业时代开始的。在这个时代，人类跟以前时代最大的不同是什么？那就是我们创造出了大量自然界从来没有的东西。所以，这个时代越往后发展，创新的意义和价值就越突出。我们今天讨论的人工智能，也是我们创造出来的东西。在这一时期，人和自然界的关系已经出现了一个很大的变化，即人类已经在很多方面超越自然选择了。农业时代的人工选择就开始干预自然选择的进程了，今天我们已经不只是干预，而是能够逆转甚至创造出自然进化过程。在理论上，我们不仅可以让尼安德特人和霸王龙一道复活，而且可以通过修改尼安德特人的基因来创造出某一从未有过的新人种。这是一个"创新为王"的时代，人的创新能力的培养在教育过程中的意义十分突出。

那么，第四次认知革命是何时发生的呢？十分钟前，就在我走上台的那一刻。哈哈。我们称这个时代为"智能时代"。在这个时代，我们将不仅能够创造出自然界不曾有过的实体事物，而且能够在人脑之外创造出类似人类智慧的"人工智能"。在智能时代，我们甚至可以把部分的智慧工作也交给机器。当初深蓝战胜国际象棋高手时，我们不十分吃惊，因为人背棋谱怎能是电脑的对手？前不久AlphaGo战胜围棋高手，却让我们大吃一惊。为什么？因为围棋和国际象棋不同，它的背后有所谓的"道"，也就是有哲学理念。它要从全局出发，进行十分复杂的判断和选择，而不只是一步步简单计算的累积，这是一个质的飞跃。我们别忘了，这个时候机器已经具备了人最重要的能力：它已能够学习。它具有了我们能够成为这个星球主人的重要特征：智能。

我认为，我们在第四次认知革命中要面对的最为严峻的挑战，就是人能否很好地实现对自身的控制，进而正确地控制这个世界，特别是控制我们自己创造出来的竞争对手——人工智能。人们对自己不熟悉的东西往往容易产生恐惧感，或许正因为我对人工智能外行，所以可能比各位更加悲观一些。但我还是要提醒大家：别忘了，我们人类是靠什么成为这个星球的主人的？恰恰是智能！所以，我一开始就说，人工智能是一种比核技术更需要引起我们警惕的新技术。

在我看来，人工智能正在慢慢走向我们的思维核心。起初，人工智能在我们人类智能运作的过程中只是承担了部分记忆的任务，起到了相当于计算机硬盘的作用。刚才很多科学家预言，人工智能将来可以很容易将一个人变成红学专家。的确，或许在不远的未来，我们拿一块存储卡从太阳穴这儿塞进去就行了。1T容量能存储多少信息？岂止一部《红楼梦》！可以抵一个小型图书馆了吧？到第二阶段，人工智能已经可以通过承担部分逻辑运算任务来参与我们的思维过程，发挥类似计算机CPU中集成的缓存的功能。在第三阶段，人工智能已经成为我们思维的第二核心，可以直接参与我们的思维过程，甚至在某些单项智能上已经超越我们人类。最后，人工智能是否会对我们人类装在这个脑壳里的“CPU”取得控制权？我看我们真的不能太乐观。

有人很乐观地坚信，控制人工智能的一定是人。没错，可是你别忘了，这里说的“人”可以有两种理解：一是实实在在存在着的每个个人；二是指整个人类。从整个人类的层次上，我们或许可以自信人是人工智能的控制者，我们仍将是这个世界的主人；但是，在具体个人的层次上，我们还能有这样的信心吗？现在已经出现了自动驾驶汽车了，你往里面一坐，你真的以为你是在开这辆汽车吗？控制权在你的手里吗？或许体验一下就能够理解我的担忧了。就具体的个人而言，少数精英通过人工智能控制大众，甚至最终让人类全部沦为人工智能的奴隶，这样的结局并非不可能出现。进而言之，离开了现实的个人，人类就无从谈起，因而少数精英最终失去对人工智能的控制权，可能也只是迟早的事情。

未来智能时代的教育，我认为应当是一种“人性为王”的教育，德行和情感等人性特有的东西应当受到极大的重视。

在未来，甚至从现在开始，记忆就应当不再是我们教育的一项特别重要的任务。那时，孩子们将不必再为背书而发愁，也不会为能够在某某电视节目上背诵很多古代诗文而骄傲不已，因为你拿起手机或未来某种更高级的智能终端，随时就可以查阅大量所需信息。我们也可以把一些简单的计算和逻辑推导交给机器，所以，简单的计算和逻辑推导能力也不再成为我们未来教育的主要任务。孩子们不必为解不出某一道生活中根本不可能碰到的荒谬习题而发愁，大学也不会专门招收那些能够解出无数前人其实早已经解决了无数次的习题的人。

在“德智体”三大教育任务中，“德”和“体”在未来教育中的位置将日益突出，逐步真正取得和“智”同样的地位。在未来，“知识中心主义”会慢慢淡出教育的舞台，“全人教育”会真正占据核心。当然，今天的教育所重视的创新能力培养，仍将是未来教育的重要任务。与此同时，道德、情感等将成为我们未来教育最为重要的任务。如果我们今天看不到这一点，教育还是天天只奔着竞争职业岗位去的话，那我们将来丢掉的远不止职业岗位，同时也会丧失最为宝贵的自由。况且，随着生产过程自动化和智能化的发展，机器代替人的工作岗位是必然的。可怕的不是机器占据我们的职位，而是机器被人利用成为控制和奴役我们的工具，甚至机器最终取得对包括我们在内的这个星球的控制权。

未来的教育一定是一种“人性为王”的教育。大家别忘了，人工智能是脱离了个体人的智能，不是每个人都能成为人工智能的主人。前面有不少专家都把希望寄托在相关规则的制定上，譬如规定必须在所有人工智能机器中植入对人绝对服从的程序之类。我劝大家别过于相信所谓的规则，“杀人偿命”几千年来都是我们公认的规则，但至今不还是有杀人犯吗？真正有用的规则，必须是植根于人心之中的，所以，从现在起就建立一种

“人性为王”的教育，在未来于人类将是一件性命攸关的事情。我们必须认识到，人工智能是一种比核技术要更难控制的技术。人类要在更高的水平上好好地组织起来，保障对人工智能的有效控制。在未来的教育中，培养人的组织能力、领导能力将是一项很重要的任务，我们需要共同把握人类社会发展的战略和方向，否则我们失算一步，很可能整个人类就要全盘皆输。

设想在未来，回眸今日之教育，我们将作何感想？今天，我们的教育很多时候是在教孩子们把大脑这个作为智能核心的CPU当成简单的硬盘来用了。这是何等的弱智教育！如果说人工智能让我们的机器越来越像人的话，在我看来，我们今天的教育却正在把人变得越来越像机器。如果你以为是把人变得像电脑，那你就高估了今天的教育了！它是在把我们的孩子们变得像一台录音机。你观察我们中国的孩子，从小学到大学，年级越高，往往越像一台录音机。我们教育的最后结果，就是学生被迫记住一大堆对付考试要用到的东西，并且在这个过程中慢慢丧失真正宝贵的学习能力、创新能力。这是多么可怕、可悲、可叹的事情！这也是我们最应该担心的事情。当我们把人都变成机器之后，我们是否还有能力控制人工智能？你只是一台很低级的录音机，你连最简单的微电脑都不是，你还想控制更高级的人工智能？在未来，我们或许会感叹今天的教育，感叹今天我们没有尽快地从记忆的教育走向创新的教育，感叹我们没有及时认识到道德、情感、组织能力、领导能力等是我们人类教育十分重要的任务。

面对今天这样的教育，我们还能不能拥有未来？我真的没有十足的信心。教育令人越来越像一台机器，我们可能会面对人性的全面迷失。我们将来会不会面对人工智能失控的问题？这不是完全没有可能。

让我们想象一下这样的场景：公元2117年，当然，那个时候改纪元了，应该叫作智元2年了。在上海一个叫思群堂的地方——就是我们今天这个礼堂吧—— 一帮被机器人戴上镣铐看管着的人正在咒骂："当年那帮搞教育的蠢货，害死宝宝们了！"他们为什么只骂搞教育的，却不骂搞人工智能的呢？因为他们自己就是人工智能工程师啊！

谢谢诸位！

张逸中

美国ACM计算机协会专家

美国麻省理工学院林肯实验室为表彰其杰出成绩（色列斯行星链接计划），将21825号小行星命名为“张逸中”星

上海STEM云中心创始人

STEM教育的革命

各位下午好。非常荣幸能够给大家做这样的一个主题演讲，叫《STEM教育的革命》。

刚才我们谈了非常多的人工智能恐惧。我今天想说的是，我想带来更多的是希望。这个希望是什么？是STEM教育。为什么谈STEM教育？我会谈到更多的是我本人的经历。我个人是从事计算机理论方向的研究工作，我对人工智能包括很多技术领域非常了解。我的导师是中科院院士何积丰，我们谈的更多的是人生哲理跟道理。

有的时候，当我们看待一个事物的时候非常恐惧。为什么恐惧？我们对未知世界惧怕，把原本有的一些东西忘记了。我最近发现很多从事教育的同行开始学技术了。我非常诧异他们为什么学技术。他们对技术很痴迷，他们跟我讲人工智能如何革命我们的教育。但是我有的时候在想，其实教育的很多本质问题，好像不是这个问题。

在我个人的经历当中，其实过了一个非常有意思的童年。很多华东师大的师生都了解我，因为我没有参加过中考跟高考，我是一路保送到博士。不是因为我成绩好，很多时候我的学习成绩并不比别人好，但是我发现了人生的这个“道”而非那个“义”。这个“道”和“义”是什么？接下来我会慢慢跟大家讲。

下面我引入一个数据，这是华东师范大学2016年的数据。华东师大有6972名毕业生，有79个专业，209个硕士点，114个博士点。很多华东师大的学生，应该很快也要毕业走向工作岗位，但是面临着很多的问题。我相信在座的有很多是企业家，也会面试很多的学生。你会发现很困惑的一点，很多学生没有明确的职业规划，不知道自己的价值，企业所需要的人才，好像教育体系没有办法输送给大家。然后大家就会有这么一个恐惧。恐惧什么呢？恐惧我们所学的专业和知识没有用。加上现在人工智能几乎能够替代我们非常多的领域——我见过同声翻译软件，我见过谷歌的软件，几乎把我们的很多专业都给革命掉了。我们的学生想：“我们再学什么？”我们就会紧紧地抓住稻草，说终身学习。然后就拼命地学习知识，学大量的知识。但是就算学富五车也不会创新，不知道该如何面对这个社会、面对这个世界，于是就有了恐惧。其实在我整个听演讲的过程当中，我在反思：为什么我的童年非常幸福？因为我没有被知识奴役，而是我在驾驭它。

在童年的时候，我们一开始学习的知识跟世界还是有联系的。比如：我们童年的时候可以玩积木，老师们让我们感知这个世界。后来进入小学、初中、高中，我们开始禁锢自己，逐渐变成了学习的机器。所以才会诞生什么“高考机器人”，让机器来跟人比较，似乎我们人就跟机器一样。但是别忘了，人最有价值的一点是好奇心，对于未知领域的东西充满探索欲。我们本身是具有上帝赋予我们的这种能力的，但是很多人却忘记了。我觉得人最了不起、最重要的是会想象出一个人们原本不知道的东西，然后能够让它变为现实，掌握它、转化它。其实恰恰是这种能力指引着我往前走。知识与世界本身是应该相联系的，而不是处于割裂状态。而现在我们把它们割裂开了，所以才会出现这种恐惧。所以我们传统的教育模式，往往是叫作“面向已知的教育模式”。我们学习很多知识，但是如何转化这些知识并应用在生活当中，应用在与世界的联系中，我们是不知道的。

我看到很多的小朋友说，将来英语不用学了。我以前也是这样认为的。但是后来我慢慢意识到，我的语文成绩其实也是蛮糟糕的。现在我开始领悟到一个“道”，就是语言本身有一种美，很多科目，包括英语也是一样。文字的优美，其实我是慢慢体会到的，但是在这之前我恰恰把自己变成了机器。随着技术的发展，出国旅游的时候好像不需要再去学什么英语了。秘书、翻译、记者、交易员、司机这些专业未来是否还会存在？这些专业也将没有了。但是你们不用怕。之前有一个数据说，近3年内诞生出了一些行业，这些行业以前是没有的。也就是说，并不是人没有出路了，其实前方还有很多地方我们可以探索。面对未来的世界变革，我们是否从内心当中已经做好了准备？

其实STEM教育在美国提出来有很多个年头了，最近才引进到中国。STEM是由科学、技术、工程、数学四个英文单词首字母缩写而成。STEM教育——我用比较通俗的话说——就是教我们如何联系世界，找到问题，将所学过的各种知识，通过技能转化成探究世界的联系的能力。其实这种能力的培养，恰恰是现在我们国家鼓励创新人才所应具备的。所以我们希望把它作为一味良药，看看能不能让大家改变。传统的科学、技术、工程、数学的学习，往往都是讲的“义”。很多传统的科技书里面讲的都是科学知识，而科学方法、科学精神很少去讲。恰恰这两个东西，是我在大学当中才跟导师体会到的，这才是精髓。之前学的知识，只不过是前人的一些成果，但是这并不是最重要的，包括技术、工程、数学。我们小时候的数学叫什么？算术。算术其实恰恰是数学中的技术，而数学当中本身的工具属性跟语言属性是很少被掌握的。但是这也恰恰是我认为机器办不到的，机器只能去算，只能做一些形式化的工作。

我们为什么会困惑？我们大量的时间其实是停留在低端，就是信息、知识的获取。但是这些信息跟知识的本身如何进行迁移？这是第一个能力。我相信有很多人说这里有一个天花板。这个天花板有些人能够跨过去，知道如何用一些方法让知识迁移，知道知识之间的联系。第二步是应用，从知识迁移到实际应用的转化。有的人理论很懂、实践不行，有的人实践行、理论不行。恰恰现在这个社会要的是知行合一，知识、技能转化都得强。现在的企业当中，创新人才所具备的能力包括：提出想法、提出思路，通过这个问题找到相应的答案，学习相应的工具来解决问题。我想问大家，这些事机器能办吗？机器只能告诉你一些信息，给你一些决策。但是这整个处理问题的过程，恰恰是好奇心所驱动的，而这是机器所不具备的。

下面谈到一点，这也是我从事科技工作之后，包括学习了一些科学哲学之后领悟到的。西方世界认为人类对这个世界的认识有一个边界，认为这个世界的规则是由上帝创建的，但是这个边界是什么？人们并不知道。我们画一个圆，用圆周来表示这个边界，那么圆的中间是什么？中间就是现在人类已知的所有规则、定理，中间和边界之间的空白地方就是我们未知的领域。我们可以提出新的假设，提出新的理论、对于未知世界领域的一些设想，来不断填补这一空白区域。这个我觉得是很了不起的一点。然后我们就可以通过实验去验证，发现实验数据是不是与假设一致，判断实验数据是不是吻合。这也恰恰成为现代科学体系中最重要的一环。我们从观察、提问到做出假设、验证假设或者推翻假设，得出的结论有的是符合现有理论和定理，有的是发展新的理论和定理。我们科学家用脚丈量这个世界，发现这个世界跟原来不一样了，我们就把新的认知写到教科书当中。

其实在学习大学物理时，我是非常佩服爱因斯坦的。爱因斯坦想象：如果物体不断加速，它可能是无限接近光速，不可能超过光速。看到这个公式的时候，我非常震惊。他是如何凭空想象出来的？现在我明白了，正是渴望探索世界的好奇心，驱动他对这个世界设想出了解释，然后也驱动更多人去孜孜不倦地验证这个想法。以前的实验数据受制于工程技术限制，所以在经典力学的实验当中是测不出来的。后来各行各业发展，使得这个精度不断提高，发现爱因斯坦的理论确实是正确的。

科学、技术、工程、数学的发展会驱动全人类的社会发展。新一轮的技术工程革命会促进基础科学的发展，然后这些基础科学的发展会促进技术工程的发展，这个循环会让我们整个人类的社会向前推进。我对人工智能持有乐观的态度，将来这很可能是全新的人类变革，也就是说，我们会掌握全新的能力驾驭这个世界。我相信这个一定是能够实现的。

我们在教育当中是如何实现的呢？我们知道在传统的教法当中，人们通过快速的知识传授来达到已知知识领域的边缘。其实这样学生获得的知识是非常分散的。但是现在我们可以让学生通过假设和不断的验证的方式来学习，模拟科学家、工程师的研究过程，从而让他们掌握了认知整个世界的能力，掌握了面向未知世界领域的认识能力。

其实我们这个世界是非常有意思的。最后我想说，世界远比我们想象的要大，但我们要勇敢地面对。谢谢大家！

库逸轩

华东师范大学心理与认知科学学院副教授、博士生导师
华东师范大学-纽约大学脑与认知科学联合研究中心客座教授

记忆解码与未来教育

大家好，今天主要是结合我们之前的一些关于记忆解码的工作谈一点对于教育的想法。我今天可能跟鲁白老师一样，是为数不多的研究“脑”的研究者。我们也想在教育方面，看看怎样能够往前推进一步。如果有一些不恰当的地方，还请大家多多指教和包涵。

关于“教育”，实际上所有人心中都有一个定义。在当今这个人工智能飞速发展的背景下，教育的目标究竟是什么？我想很多人可能有一个共识，那就是教育实际上是“授人以鱼，不如授人以渔”。AlphaGo之所以引起人们的关注，很大程度上是在于它通过深度学习能够实现真正的有目标性的学习。学习的目标又是什么呢？很大程度上，是在于记忆。这个在我们传统的计算机的发展过程当中，实际上已经在很大程度上超越人类了；在前面很多嘉宾也讲到过这些问题。我这里想要进一步回过头来，从记忆的角度上，看看怎样反过来连接到我们的教育，怎样来监控教育的过程。因为对于记忆来讲，我们非常熟知的是，我们从小到大有很多考试，这些都只是对记忆结果的考量。

对于记忆的过程，怎样可以通过一些新的方法进行监控？今天前面的很多嘉宾也讲了，我们整个社会有很多职业会被取代，我们都不愿意自己所从事的职业被取代。金融、医生、律师、教师等等这些行业，都是很容易被取代的，原因在于他们是极大程度上依赖于经验，也就是依赖于记忆的。对于计算机来讲，这个记忆是一个非常非常容易的事情，它可以检索海量的信息。我们怎样在教育的过程当中体现出人跟计算机所拥有的不同？前面也有很多嘉宾提到比较著名的所谓的“奇点迫近”的理论。“奇点迫近”的理论核心的问题，是在于指数级增长。有个传说，国王想要奖励发明国际象棋的人，问他想要什么。发明人说：“您能不能把我这个棋盘第一个棋格摆一粒麦子，第二个棋格摆两粒，第三个摆四粒，依此类推将64格全部摆满?”国王想着很简单，但是真正一摆发现根本实现不了，总共需要1844亿亿多粒麦子，全世界的加起来也不够。这就是指数级的增长。因为指数的导数是它本身乘以常数，因此，当基数足够大的时候，增长率也会急速上升，呈现这种陡峭的方式。

拿电子工程学中大家非常熟悉的摩尔定律来说，我们所有的计算成本实际上是随着时间的推进逐渐呈指数型下降的。也就是说，我们单位成本能够购买到的计算力，实际上是呈指数型上升的。库兹维尔进一步推广这个理论，认为技术发展到一定程度的时候，增长速度也将呈指数型上升。这个时间点就是所谓的“奇点”。这个时候技术的发展已经超越了我们的想象，就到了一个“奇点爆发”的阶段。在书里面他对于未来产生了一些预测，有些预测实际上现在来看是非常准确的。比如：他在2005年的时候讲，2010年有越来越多的电脑会作为网络服务器、参与云计算。2018年1000美元能够购买到的电脑存储量能够达到10T，这也是现在能够实现的。但是他略微低估了大脑的容量。

在2020年的时候，个人电脑将会拥有和人脑相同的信息处理能力。2030年心智上传具有可行性。纳米机械将可以直接注入脑部并且可以和脑细胞互相沟通。纳米机械读取我们的脑细胞，这个时候我们的所谓人工智能跟人的智能很有可能就混而为一了。到21世纪40年代，人们将把他们大部分的时间花在完全沉浸式的虚拟实境中，就像是《黑客帝国》电影中所描述的科技。2045年是奇点爆发的时候，1000美元可以买到的电脑将拥有10亿颗人脑的计算力。很多时候大家在预期，人类是不是会变成宠物？人工智能这个时候实际上已经跟人类的智能合二为一了，人类智能借助人工智能已经可以向宇宙进行信息发布，甚至可以传遍整个宇宙。在很多科幻的电影里面也出现类似的场景，比如：2014年的《超验骇客》也描述了科学家在临死前将思想上传到云端服务器的场景。

埃隆·马斯克（Elon Musk）今年3月份成立了一个新的公司，叫作Neuralink，致力于将脑和计算机融合到一起。他是一个看上去很疯狂的人，但是他第一个实现了电动汽车真正在地球上跑，他还成立了美国太空探索技术公司（SpaceX），进行可以回收的火箭的发射，让人类可以永久地移居火星。他的很多想法虽然看似疯狂，但是真的实现了。我们对于他这个新的梦想是不是能实现，还是拭目以待。他的构想主要采用的一种方式，是在2015年已经出来的一个技术，就是向大脑发射一束非常细的电子网。它在发射之前缩在一起非常小，但是到了大脑里面可以展开，形成网格，可以记录很多神经元的活动，通过这种方式读取大脑的思维。

这一切似乎像库兹维尔的预期那样发展，但我今天还要再泼一点冷水：我们的理想和现实其实还存在很大的距离，所以大家也没有必要过于恐慌。

首先我们对于仅仅三磅的人脑的了解并没有比对浩瀚的宇宙了解得更多。此外，对于部件的理解不等于整体，早在1986年，对于线虫这种简单的生物，我们就已经可以把它仅有的302个神经细胞之间的连接图全部画出来，但是直到今天还是很难准确地预测线虫的每一个运动。回过来看，大脑有890亿个神经细胞，每一个平均跟其他1000个神经细胞发生连接，这是非常复杂的网络。即使全部读出来，我们是不是真的能够把思维读出来？这也是一个问题。

第二个部分，关于计算机的架构，显然是需要突破的。传统的冯·诺依曼结构是串行的，虽然快，但是容错性低。我们通过深度学习的人工智能，已经能够在人脸识别等很多方面超越人类，但是如果在输入端给出一些小小的扰动，也有可能产生很大的分类错误，比如把一个狗的脸识别成人脸。相反，我们人脑虽然很慢，但是是并行的结构，容错性非常好，所以这个方面是我们所特有的优势。研究者们也在实际中的很多方面进行努力。比如2014年的《科学》封面文章，通过类似于神经网络的这样一个并行结构的搭建，已经可以实现比传统的计算机好很多的复杂分类。但是实际上现在只能达到100万个神经元系统的搭建，离我们的890亿个还非常远，而且每一个神经元与其他的神经元平均只有256个突触连接。另外一个方面的进步是材料方面的进步，2016年《自然·纳米技术》的封面文章发现一种新的相变材料，叫作锗锑碲合金，通过加电压，它可以从晶体变成无定形，可以实现模拟的信号变化。我们知道传统计算机晶体管是二进制数字的输出，而通过模拟信号的输入和输出，我们将更加接近于神经元的一些反应模式。

第三个部分，我觉得在于从长时记忆到短时记忆或者叫工作记忆的这样一个问题。接触过心理学的人都知道，所谓的“一般智力”可以分为“流体智力”和“晶体智力”。晶体智力更多和长时记忆相联系，随经验增加而增加；流体智力更多和工作记忆相联系，不太随经验改变。工作记忆大家也比较熟悉，是短时间操纵信息的能力。它实际上跟很多认知功能，如我们的语言、我们的理解、我们的计算、我们的思维都有极密切的关系，跟流体智力的相关度可能在60%以上，所以它能很好地预测我们的一般智力，但是它容量却非常有限。

1956年乔治·米勒（George Miller）发现我们对于数字的工作记忆只有区区的5~9个，少得可怜。对于物体的工作记忆，通常是2~4个。我们大脑虽然不像计算机储存着那么多的信息，但是“硬盘”也是非常大的，为什么我们的“CPU”和“内存”却如此之低？这个问题没有答案，但我们的思考在于，对于一个完全并行的系统来讲，这有可能是反映了涌现的特性。而且这样的方式可以限制表征之间的竞争，在很多情况下存在一定的优势。比如：在很多表征同时出现的时候，你的决策就会出现问题，所以这可能是一种进化的优势，或者是涌现的一个特性。

我们的工作记忆到底在大脑里面怎样去动态地表征？更进一步问，表征为什么很重要？学习人工智能的都非常熟悉戴维·马尔（David Marr），他是个英年早逝的天才，曾提出认知的三层次模型，包括计算层、算法/表征层，以及实现层。我们对于神经网络的计算层的模拟已经在深度学习网络（DNN）里面取得了举世瞩目的突破。在实现层，像鲁白老师这样的神经科学家也已经在不断地往前推进。对于表征层，我们觉得它可能是这两个层面的非常好的切入点。

我们的研究发现对于工作记忆不仅仅是你记多少，你为什么会有容量的限制的问题，它实际上跟额顶网络的控制有关系。而且对于每个东西记的精确度也有限，这表征在枕叶。我们的额叶会对枕叶皮层有自上而下的控制。正是这个控制力，是我们的真正瓶颈所在。控制力低导致容量相对比较低。同时我们利用人工智能里面的机器学习的一些方法，试图去解析这些表征。我们到底记住的是什么？现在可以动态地看这个过程。我们通过一些机器学习的方法，利用功能性磁共振的数据可以看到，对于表征的解码可以达到80%以上的准确率，而且可以看到在这个过程中有动态的变化：在编码的时候记忆的准确性会非常高，然后会逐渐降低，当你需要提取这个记忆的时候，又变得很高。而且非常有趣的是，采用更简单的无线脑电的记录，我们也可以解码记忆变化的过程，达到70%以上的准确率。而且我们可以看到每个人的曲线是不同的，他们到达记忆的准确度顶峰的时间是不一样的，每个人能够达到的最高值也不一样，每个人记忆下降的趋势是不一样的。正因为每个人动态的变化曲线是不同的，我们在未来也可以针对这个曲线采用一些干预的手段，这就是教育里所谓的“因材施教”。

另外，我们还会做一些更细致的研究，看这些记忆的表征到底在什么位置。我们通过简单的视觉刺激方法，就可以把大脑视觉皮层做很多层级的划分，从V1到V7。我们可以清楚看到这个表征到底存在于哪里，也就是我们记忆的痕迹到底在什么地方。实际上我们在这个过程中，很好地利用了人工智能的发展，以便更好地去实时监控这些记忆表征的动态变化。在这个基础上，我们可以通过一些干预的手段，比如通过训练的手段或者电刺激和磁刺激等来增强表征。实际上我们已经有一些初步的结果，非常振奋人心。

我觉得在未来的教育中我们应该能实现人工智能和人类智能的合作共存，从1999年深蓝击败卡斯帕罗夫到2016年AlphaGo击败李世石，当事人很痛苦，但我们应该以更积极的态度看待这些结果。

回到今天上午的最后一个问题，当时因为时间关系没有回答。问题是：现在有没有人工智能的方法在课堂里面监控教学？实际上答案是肯定的，而且不仅仅是人工智能，而是通过神经科学的方法来监控大脑的动态变化，这是在《当代生物学》杂志上，在这个礼拜最新一期里的一篇论文。在课堂里面让老师跟学生全部戴上简易的无线的脑电电极帽，然后看人跟人之间同步性的变化。结果发现，不管是教育者和被教育者之间的脑电同步性，还是被教育者之间相互讨论时的同步性，都可以预测最终学习效果的好坏。

我想未来在教育的实践当中，大家不妨更多地运用脑科学的一些成果、脑科学的一些技术来研究更多、更深入的教育问题。

谢谢大家！

主持人：吴涛（黑龙江省教育科学研究院院长）

对话嘉宾：库逸轩、张逸中、项贤明、汤敏

嘉宾对话与观众互动

现场观众：

我想问一下库老师。今天谈论的是人工智能和未来教育，但是实际上我们现在的教育界连人脑和教育的关系都研究得很少，而且脑认知方面的研究真的很少应用在教育领域里。连自己的脑子都没有研究清楚，就研究AI和教育的关系。我想听一听库老师的看法，比如现在脑认知的一些前沿在教育领域，包括在教育企业的应用。因为我自己是做这方面工作的，所以比较关注。

库逸轩：

脑科学恰恰是教育和AI中间的一个很好的过程。在美国有些非常前沿的研究工作，很多时候是很快地运用到教育实践当中。比如一些对于注意力的研究有了成果，课堂上可能就会采用类似的一些方式，包括自上而下的注意和自下而上的注意。在国内来讲，我觉得可能还缺乏这方面的交流，这跟以往的一些体制上的问题有关系。很多时候谈到合作，大家更愿意开展在学校内的合作。很多时候跨领域的合作比较难开展，但是对于我们新的一代来讲，希望能够更好地推动不同领域跨学科的交叉合作，把我们在实验室里的工作更好地转化到教育实践当中。

现场观众：

对不起，我对项老师刚才说的“知识积累”有点意见。我想当代的教育不是积累的错。知识都是需要积累的，哪怕是人工智能，它也需要不断地输入数据，才能战胜人类。我想请问一下知识积累和创新的契合点，以及如何在大学教育中间进行相关革新？谢谢项老师。

项贤明：

非常感谢您的问题。我并不是反对知识积累，而是反对现在我们没把大脑作为一个CPU发挥作用，仅仅简单当作硬盘了，这是很可怕的事情。正是因为这样，才使得我们的教育慢慢地让孩子们失去了学习的能力。而学习能力的丧失，才是将来面对人工智能的时候，最有可能失去对人工智能控制的一个重要原因。

有些工作随着人工智能越来越发达，可能将来不需要人类去完成。例如：你已经有汽车了，你一定要说“我要跑得比汽车快才有尊严”吗？这种尊严没有必要。是不是？我们有这样的工具，我们可以把很多东西交给机器做，没有关系。作为知识分子在这个社会里面，我们最大的责任是什么？我们要告诉大众，这些东西危险在什么地方。我们可以跟大家一起欢呼、唱喜歌，说："了不起，未来的世界非常好，我们的教育界非常有希望。"但是一旦出了问题，让你们去跟别人拼命的可能就是那些精英分子。这是我们希望看到的未来吗？当然不是。并不是记忆完全没有用，还会有用。

我们之所以能够有今天这样的历史，正是因为有创造能力，这也是我们教育最要关心的东西，而不是只去关心一个人要记住很多东西。所以可能是我没有讲清楚造成你的误解，我并不是反对知识的积累。

现场观众：

鲁白老师提到教育的三个模式。在我看来，人类社会的教育从宗教时代进入科学时代，现在我们是科学时代下面的知识时代。从李世石被打败以后，知识时代结束。后面我们要开创的，可能是创意时代。今天要讨论的，其实还是技术层面。在战略层面，正如项老师提到的一样，假如将来科技发达，我们不考试了，可能会用另外一套体制考试该怎么办？现在我们的教育方针几十年都没有变了，将来战略规划是不是人工智能自上而下的冲击，从技术层面的冲击上升到在战略层面上的冲击？我想请库老师和项老师共同回答这个问题。

项贤明：

从战略角度来讲，可能要考虑到未来教育的挑战，我们可能更多的是要把教育办成全人教育，而不只是重视人的智力部分。现在我们最重视的是智力部分，从工业社会以来，我们整个教育是以知识为中心的。如果战略调整，这方面可能要做一个最大的调整。未来可能很多智力的工作可以交给机器去做，但是我们能不能很好地运用机器？这个依靠的是我们背后的人性，依靠的是我们的道德，还有大家讲的规则。规则是外化给每个人的，只有通过教育才能让它变成人思维的一部分，才能真正发挥效用。我想这可能是最大的一个战略问题。

库逸轩：

从长远来讲，当技术发展到一定程度，人工智能的很多问题可能被解决。你把所有的神经元的活动全部记录下来，这是第一步。但是随着技术的进步，你有可能能够真正去理解思维。现在人工智能非常弱的地方，比如情感识别，对于情绪的处理加工，这是它的短板。但是随着技术的进步，这个问题有可能将来也是能够解决的。从战略层面上来讲，刚才项老师也提到过，要像对待核武器一样去防护它。因为建造这样的一个法律体系、规范体系，怎样让它向着良性的方向去发展是非常重要的。但是目前来讲，我们离技术的成熟还有很大一步。所以先要把技术这一关过了，这一过程中我们可以不断地去解决体制的问题、规范的问题。

现场观众：

我有一个问题问张逸中老师。现在小孩上学要学很多东西，有英语、奥数等各种各样的竞赛。STEM在这些方面和传统学习有什么不一样？STEM，我的理解，它可能是一些项目或者是好奇心驱动的学习，这和我们平常理解的上课学语文、数学这种普通的积累，是怎么平衡的？谢谢！

张逸中：

STEM教育现在比较热，大家对于它的理解，也有各种各样的观点。但是我比较直观的感受是，其实STEM教育跟传统教育比较，我有两个观点：第一个是，传统的教育面向已知的知识、面向已知的世界，但是对于未知世界的培养比较少。第二个是，我觉得知识跟技能应该是并重的，传统教育关注知识可能比较多，而技能和方法、方法论的学习相对比较少。所以我觉得应该要有点平衡。我不是说两边都不要，而是说需要有一个平衡。

汤敏：

昨天我们正好在成都讨论STEM的问题。STEM是面向未来，它实际上是未来人类或者机器的语言。在目前我们的应试教育里不存在这个，但是未来非常需要。现在我们的高考没有这个东西，它又不能取代高考，怎么办？这就是给未来做准备了，可能慢慢要转到这个地方去。所以花一定的时间，为你孩子的未来做准备是必要的。如果这个准备冲击了一般的文化课学习，甚至喧宾夺主，这肯定是有问题的。

现场观众：

我有一个问题想问一下汤敏老师。我们有很多农民工，很多的外来务工人员。我刚才看到你的教育案例里面，送温暖送到外地去了。如果是在城市里，比如在上海、北京等一些大城市服务的外来务工人员，专家考虑人工智能的时候，有没有关于为这一类人群服务的思考？

汤敏：

目前市场上还没有为他们思考的人工智能问题。人工智能还没有发展到那么细。从市场的角度来说，他们很可能不是第一波受众，起码对于商业公司来说，不会考虑他们的问题。

但是政府是应当考虑的。如果我们农民工的技能不提高的话，2025年工业化都实现不了，这事政府得去考虑。政府考虑把一定的资源放在这里面，商业公司或者说研究人员自然会进去。这里面目前还没有完全用到人工智能，有志于考虑这个市场的，我想都可以进来。对培训内容的分析、对老师的分析、对学生的分析，如果用上人工智能的话，有可能助力这些领域的发展。

目前还没有，但是我们非常希望有。包括做人工智能教育研究的，应该关注这个。这个做好的话，是个2.8亿人的大市场。

项贤明：

在您刚才讲的城乡接合部，确实存在着大量的农民工子弟学校。那些学校面对的主要障碍，不是技术问题，而是制度的障碍。它旁边可能就有很好的学校，甚至就在我们人大附中旁边，就可能有这样的学校，完全可以到那里面跟老师学习，不需要我们给它送去互联网技术。

汤敏：

在北京郊区有个“蒲公英中学”，这就是一个打工子弟学校，就在大兴，就在五环内。因为他们的教学质量、教学环境比较差，我们现在正在用最先进的互联网教育在里面实验，把中学的课程卡通化。如果成功的话，大量的打工子弟学校完全可以用这种方式提高质量。如果打工子弟学校的教学建设水平能够提高，很多农村学校也都可以。目前已有20个县的农村校在同时使用这套系统。

刚刚跟沪江网的老板谈，他们也有很多的东西，很快也会融入我们这里一块儿送过去。现在各种实验都在做，但是大规模推广还没有开始，还是以实验为主。

现场观众：

非常感谢几位的演讲。有一个问题我想问一下张逸中博士，我自己是一个教育工作从业者。刚才您的演讲里面提到STEM教育可能是让我们的后代面对未来时代的一个方案，但是现在在学校开展时面临很多困难和痛点。您觉得我们要用哪些方式或者寻求哪些外部的帮助来面对学校的困惑以及我们没有教师团队的困惑呢？

张逸中：

其实这个问题还蛮难的。因为目前国内的STEM教育跟传统的应试教育之间要找到一个契合点，这不是简单把谁替换的问题。现有的情况是，STEM教育目前还没有非常大的空间。我们国家在做很多的工作来打开这个空间，但是面临的挑战非常大。一个是传统的教育体系，大家的认知还是靠传统的一套发动机在运转。现在要把全新的东西放进去，面临着很多的问题。比如教师的问题。目前华东师范大学就没有STEM专业。另外就是没有相应的比较好的针对STEM的课程体系。

这些工作，国家的层面在推动。今年3月份，国家的小学科学课堂中已经把STEM课放了进去。我相信这是一个慢慢孵化的过程。我相信借助外力，包括企业、社会的很多力量，可以慢慢地来转变。但是更多的是观念的转变，要给孩子们更多的时间，让家长把焦虑放下，我觉得这是需要全社会共同推动的。

汤敏：

昨天我们就在成都开会专门讨论这个问题。现在国内有很多实验，如何把这套东西送到最贫困地区或者薄弱学校去？现在城市里好的学校，做STEM没有问题，他们都在做。昨天我专门讲，STEM教育的“马太效应”可能更严重。因为好的学校又有钱，又有技术，又有这个需求，能够发展得很快。但是贫困地区或者说薄弱学校主要还是在攻应试教育呢。我们现在正在跟纳斯达克的上市公司达内公司开发一整套STEM课程，现在在城市里推广，在一些培训班推广。公司现在免费给我们，我们把这套东西送到农村去，在农村学校实验。但是我们不能做成课，因为农村学校一下子还做不到这个。我们想先从农村学校的课外活动开始。我们给学校培养一个老师，这个老师把一些感兴趣的学生组织起来作为课外活动。慢慢做好了以后，再融入课堂里面。

STEM里面有好多项目，比如3D打印机、机器人这些我们现在不在农村学校做，因为那个成本太高。我们先从计算机编程开始试，现在正在农村学校实验。

张逸中：

我昨天刚刚去了上海金山的一所农村学校，也是由中国科协跟华东师范大学，包括我们中心共同去通过远程的方式合作教学。老师是市里的老师，通过这种形式给农村的孩子实施STEM课程。后来发现效果还是不错的。大家现在也在尝试用好的信息技术来解决教育公平的问题。

汤敏：

最难的是农村学校的老师培训。这个时候我的“新师徒制”就起作用了。我找城市做得很好的老师，让他作为志愿者把所有的课拍下来，然后像“新师徒制”一样带一批农村有兴趣的老师，跟着他学。每天学一点，现学现卖，第二天就可以在学校里教。做一年、两年、三年，长期这样做，慢慢就可以把这些老师培养起来，这些徒弟就成长起来了。

吴涛：

我们这一单元的互动就到这里。大家刚才的很多问题，我们四位专家给了很好的解答。尤其是STEM利用互联网技术，针对农民工的孩子，还有农村薄弱学校提高质量、均衡发展，提供了很好的答案。这一单元的沟通就到这里。非常感谢四位专家。谢谢！

袁振国

中国教育学会副会长
中国教育战略研究会副会长
华东师范大学教育学部主任
中国教育三十人论坛成员

结语：人工智能的时代，依然会有诗和远方

大家下午好。从早晨到现在，经过了一整天的信息风暴，我相信即使AlphaGo一定也累了。接下来我想用五句诗来结束今天的发言。

第一句："忽如一夜春风来，千树万树梨花开。"

今天关于人工智能与未来教育的讨论，涉及了电脑科学、软件科学、计算科学、神经科学、心理科学以及教育科学等很多学科；有学者，有企业家，有投资人，特别是有一批锐意新秀，是一次人工智能和教育问题的大碰撞，是一个非常精彩的开始。今天的这个"高峰论坛"是名副其实的。

一是高水平。这一段时间我也认真看了一些关于人工智能方面的文章和著作，对人工智能的理论和技术略有所知。今天来的各行各业的代表，无论是在学术上，还是在技术上，在全国绝对都是走在前沿的。

二是高关注。今天在场的有1000多人，而在线收看微信直播的有五六万人，从早晨的几千人一路攀升。有朋友发信息给我，说一直捧着手机

在收看，有看大片的感觉。

三是高收效。这次别开生面的讨论，对大家开拓思路、思考问题产生了很多的启发。今天解决了什么问题我不敢说，但是想到了很多问题，激发了很多的想法那是绝对的。

前不久有一本《奇点临近》的书被翻译出版，作者有一个很惊人的而且也是引起了极大争议的观点：到2045年前后，随着各种技术的整体推进，人工智能在整体上将会超过人的智能。这是一个石破天惊的观点，如果被他言中，那人类会发生怎样的惊天巨变？太不可等闲视之了！人类的文明，如果说从新石器时代开始的话，至今已经有约1万年的时间；从铁器时代开始，有3000多年的时间；从现代科学技术，从蒸汽机开始，到现在有300多年的时间。而互联网出现到现在才不到50年，这在人类文明进程中只是弹指一挥间，可是引起的人类生活方式和生存方式的变化已经远远超出了我们的预想。而人工智能进入实用阶段才两三年的时间，在各行各业已经得到了广泛运用。在交通、医疗、金融、家居等很多领域已经有了神奇的表现，很多行业出现了大规模的解雇员工的现象。

人工智能在十多年前，还被认为只是一个故事，现在已经成为不能不关注的历史巨变。现在互联网快速发展，物联网也加快发展，大数据分析、云技术、可穿戴技术、深度学习技术整体推进，这些技术整体推进的景观超出了最富有想象力的人的预料。所以这种变化给我们带来的挑战是无法忽视的。人工智能将极大地改善我们的生活状态，提升我们的生活质量，这是我们越来越会感受到的。另一方面，世界的变化会让我们目不暇接，我们上大学的时候报名想选择的热门专业，等到你毕业的时候，这个行业本身可能都没有了，这给我们带来了前所未有的挑战。

第二句："接天莲叶无穷碧，映日荷花别样红。"

外面的世界很精彩，今天我们这里的讨论更精彩。目前关于人工智能在通信、交通、医疗、金融等领域的讨论很多，唯独关于教育领域的讨论很少，为什么？因为教育太复杂，人的因素太丰富。今天我们关于人工智能与教育关系的讨论也许是到目前为止最丰富、最深刻、最精彩的一次。蒸汽机革命、电气革命、电子革命的三次工业革命，中国都擦肩而过，而今天，在人工智能的技术面前，我们跟世界的最先进水平是同步的，我们在很多技术方面可能还走在美国的前面，在很多技术的运用方面走在美国的前面。现在跟外国人交流的时候，经常听到他们的感叹："你们中国发展得太快了！"美国目前结账普遍使用的还是信用卡，而我们一下子就跨越到了手机支付、微信支付。我看过很多公司的人工智能产品，包括今天介绍的睿易科技、科大讯飞、沪江网，还有很多其他公司所拥有的产品。它们在教育上应用的范围、人数，据我所了解在全世界都是最广的，使用也是非常成功的。

第三句："千呼万唤始出来，犹抱琵琶半遮面。"

尽管人工智能在很多行业已经有激动人心的运用，有了快速的进步，但是教育比起其他行业来说，还是相对滞后的。教育上面运用人工智能的瓶颈在哪里呢？鲁白教授说："就是小数据。"数据能不能获得？你为什么获得数据？获得数据以后，你怎么来分析？这些东西在教育上面的运用，相对来说还有很大的空间。现在，没有手机你不能通信，没有滴滴打车你不好打车，连乞丐都已经能很娴熟地运用二维码。但是我们教育的变化呢？到目前为止还没有哪个学校、哪个老师说："对不起，今天网络不通，我们就放学吧。"我们还是一支粉笔、一个黑板的天下。从这个意义上来说，教育在信息技术方面，在人工智能方面的运用空间是极大的。但是我们也看到了很好的端倪：

1. 人工智能的发展运用，将会给我们腾出更多的学习时间。

目前看得比较多、说得比较多的是，人工智能会让我们的很多工种消失，让我们失去很多岗位。可是你不要忘了，很多简单重复的工作有机器人干完了，就不用我们人干了，我们可以有更多的时间学习我们所要学习的东西。我相信人工智能的发展，第一个给我们带来的是闲暇时间、学习时间的增多，能够让我们早上谈谈哲学，下午钓钓鱼。

2. 人工智能改变教学的形态。

我们所熟悉的教育是有固定地点、在固定时间、学习固定内容的教育，而互联网、人工智能将彻底改变这种传统的教育模式，使任何人在任何地点、任何时间，可以学习任何的内容，这被称为泛在教育。我们现在有一些网络公司、培训公司已经做到这样一种程度，它没有学校，没有传统意义上的校园，也没有教室，它甚至于没有教师，但是它可以赢利上亿甚至于几十亿。它的学校在哪里呢？教室在哪里呢？教师在哪里呢？在每个人的家里，在每个人的电脑终端上，在每个人的手机上。一年365天不休息，一天24小时不休息。夜里你要学习，找美国人，找意大利人，找澳大利亚人都可以。互联网的发展，人工智能在教育上的运用，已经使得泛在学习可以真正实现。倒是现在教育体制、考试录取招生制度，限制了现代信息技术在教育上的运用。到了陈旧的生产关系束缚先进的生产力的时候了。

3. 在提高教育效率、管理水平，改善评价方式等方面，人工智能已经可以很好地运用了。

我看了一下我们今天这一次直播的收视情况。它马上可以告诉我们，现在有多少人在线，这些在线的人，在全国是怎么分布的，性别是怎么分布的，年龄是怎么分布的，一目了然。我们现在在课堂上运用这样的技术，也已经非常容易。所以，一方面教育在运用现代信息技术、人工智能的程度上，比起各行各业来，我不敢说是最落后的一个领域之一，但是一定是落后的一个领域之一，另一方面它又具有巨大的前景。

第四句："暮霭沉沉楚天阔"，"柔肠一寸愁千缕"。

人工智能被运用在教育领域以后，教师会不会失业？我们到底是人还是机器人呢？当我们的交往对象是机器人的时候，当我拿起电话来也不知道对方是人还是机器人的时候，我们的感情寄托在哪里呢？在这样的情况下，人们会面对一个什么样的世界呢？人们有很多的顾虑，也有很多的担忧。我相信这个是“人”考虑自己问题的一个了不起的地方，是人的自我意识、忧患意识。事情还没有发生呢，人们就开始担忧。前一段时间有人说了一句话：“你们这些担忧就像担忧月亮上会堵车一样，你不是着急得太早了吗？”这个事情可能还很遥远，但是人们就有这个担忧。今天的会场上，似乎这样的情绪也不断地被释放出来。

第五句：“不畏浮云遮望眼，自缘身在最高层。”

库兹韦尔在《奇点临近》一书里说，人类的进化也是一种算法的改进。人工算法的发展是一个加速度，是一个指数增长速度，它会用很短的时间超过人类几千年、几万年进化的程度。这种想象力当然是非常惊人的，也是有事实支持的。但人类感知和思维的整体性和统整性，人的情感性和社会性，在这些方面，人工智能到目前为止还没有显现。而且我们可以毫无疑问地相信，在人工智能发展的过程当中，我们人自己一定会不断地发展。

当年很多人担心机器的发明、发现和运用，将会使人类大量地走向贫困，所以有捣毁机器的运动。当我们有了汽车，有了飞机的时候，我们也有很多的担忧。有没有问题？有的。但是这些问题在整个人类的文明进程当中，都可以慢慢地被解决。

我们希望人工智能等技术发展会给教育带来更大的公平。从实际存在的情况来看，人工智能可能会局部地造成数据鸿沟，造成更大的不公平，但是我也相信，随着人类整体的发展，人类整体的公平水平一定会不断发展的。同时，人工智能在推进教育的国际化、个性化以及增强师生之间的互动方面，都毫无疑问地会达到以前无法想象的新阶段。

我就说这样一些感想。最后要感谢各位听众，感谢我们的媒体，感谢新媒体为这次大会的直播做出了杰出的贡献。谢谢大家，再见！

附录

人工智能与未来教育高峰论坛
参会名单

童世骏	梅　兵	朱永新	徐子望	鲁　白	尹后庆
褚君浩	米奇·罗森堡		蒲戈光	邹　昊	吴晓如
伏彩瑞	关　新	朱华勇	王志东	汤　敏	项贤明
张逸中	库逸轩	吴　涛	袁振国	石　岚	马国川